D0877274

LA REVANCHE DES PETITES NATIONS
Le Québec, l'Écosse et la Catalogne
face à la mondialisation
de Stéphane Paquin
est le six cent quatre-vingt-neuvième ouvrage
publié chez
VLB éditeur
et le vingt-cinquième de la collection
« Partis pris actuels »
dirigée par Pierre Graveline.

Je suis redevable, pour la réalisation de cet ouvrage, à de nombreuses personnes. Je désire remercier avant tout ma femme, Natalène Chapuis, pour son soutien, son aide et son infinie patience face à mes nombreux détours dans les librairies pendant nos promenades parisiennes... Je remercie également, de l'Institut d'études politiques de Paris, les professeurs Bertrand Badie, Jean Leca et Christian Lequesne pour leur aide et leurs conseils ; de l'Université de Montréal, les professeurs Jane Jenson, Michel Duquette, Panayotis Soldatos, Denis Monière et Louis Massicotte ; de l'Institut d'études politiques de Grenoble, les professeurs Yves Schemeil et Maurice Croisat. Je remercie également les professeurs David McCrone, de l'Université d'Édimbourg en Écosse, Michael Keating, de l'Institut universitaire européen de Florence en Italie, Timon Bo Salomonson, de l'Université d'Anvers en Flandre, Caterina Garcia i Segura, de l'Universitat Pompeu Fabra de Barcelone en Catalogne, Alain Dieckhoff, du Centre d'études et de recherches internationales à Paris, et Daniel Charon, doctorant à l'Institut d'études politiques de Paris et chercheur invité à l'Université Columbia de New York.

VLB éditeur bénéficie du soutien de la Société de développement des entreprises culturelles du Québec (SODEC) pour son programme d'édition.

Nous reconnaissons l'aide financière du gouvernement du Canada par l'entremise du Programme d'aide au développement de l'industrie de l'édition (PADIÉ) pour nos activités d'édition.

Nous remercions le Conseil des Arts du Canada de l'aide accordée à notre programme de publication.

LA REVANCHE DES PETITES NATIONS

LE QUÉBEC, L'ÉCOSSE ET LA CATALOGNE
FACE À LA MONDIALISATION

Stéphane Paquin

La Revanche des petites nations

Le Québec, l'Écosse et la Catalogne
face à la mondialisation

vlb éditeur

VLB ÉDITEUR
Une division du groupe Ville-Marie Littérature
1010, rue de La Gauchetière Est
Montréal, Québec H2L 2N5
Tél.: (514) 523-1182
Téléc.: (514) 282-7530
Courriel: vml@sogides.com

Maquette de la couverture: Ann-Sophie Caouette

Données de catalogage avant publication (Canada)

Paquin, Stéphane, 1973-
La revanche des petites nations: le Québec, l'Écosse et la Catalogne face à la mondialisation
(Collection Partis pris actuels)
Comprend des réf. bibliogr.

ISBN 2-89005-775-5

1. Nationalisme. 2. Nationalisme – Québec (Province). 3. Nationalisme –
Catalogne (Espagne). 4. Nationalisme – Écosse. 5. Pluralisme. 6. Mondialisation. I. Titre. II. Collection.
JC311.P36 2001   320.54   C2001-941106-5

DISTRIBUTEURS EXCLUSIFS:

• Pour le Québec, le Canada et les États-Unis:
LES MESSAGERIES ADP*
955, rue Amherst, Montréal, Québec H2L 3K4
Tél.: (514) 523-1182
Téléc.: (514) 939-0406
* Filiale de Sogides ltée

• Pour la France:
D.E.Q. – Librairie du Québec
30, rue Gay-Lussac, 75005 Paris
Tél.: 01 43 54 49 02
Téléc.: 01 43 54 39 15
Courriel: liquebec@cybercable.fr

• Pour la Suisse:
TRANSAT S.A.
4 ter, route des Jeunes
C.P. 1210, 1211 Genève 26
Tél.: (41-22) 342-77-40
Téléc.: (41-22) 343-46-46

Pour en savoir davantage sur nos publications,
visitez notre site: www.edvlb.com
Autres sites à visiter: www.edtypo. com • www.edhexagone. com
www.edhomme. com • www.edjour. com • www.edutilis. com

Dépôt légal: 3ᵉ trimestre 2001
Bibliothèque nationale du Québec
Bibliothèque nationale du Canada

*À mon père, René Paquin, qui est très
certainement une grande source d'inspiration.*

I've seen nations rise and fall
I've heard their stories, heard them all
But love's the only engine of survival

LEONARD COHEN,
The Future, 1992

Préface

C'est bien volontiers et avec un réel plaisir que je préface l'ouvrage que Stéphane Paquin met à la disposition d'un public attentif aux mutations de l'État-nation. C'est bien de cela qu'il s'agit : on oublie trop souvent que l'invention étatique était solidaire d'une conception de la territorialité intimement liée à l'histoire. L'État s'est accompli en Europe, puis un peu partout dans le monde, lorsque la territorialisation du politique faisait sens. Là où la communauté l'emportait sur le territoire, l'histoire fut violente, incertaine et parfois catastrophique. Là où le territoire s'imposait, naissaient au contraire une communauté politique qui transcendait l'ethnicisme et un État dont Weber remarquait jadis qu'il en tirait non seulement l'essentiel de sa compétence et de sa légitimité, mais aussi et surtout sa marque la moins contestable. C'est sur cette base que furent construits le système westphalien et, en fait, l'idée même d'international qui renvoya, pour des générations, à une juxtaposition d'unités territoriales.

Le détour par l'histoire que nous offre l'auteur est donc parfaitement justifié, notamment lorsqu'il évoque ce « nationalisme d'État » qui devenait l'unique principe

stabilisateur de cette exceptionnelle marqueterie territoriale. Peut-être aurait-il pu rappeler les multiples déra-
pages qui demeurent aujourd'hui comme des gaffes de
l'histoire. La généreuse invention de l'idée de peuple
qu'on doit notamment à Woodrow Wilson fut ainsi un
coûteux malentendu : dans une construction de type
westphalien, il ne saurait être d'autre peuple que celui
qui dérive des États, ou du moins qui s'institue politiquement, selon la belle formule de Rousseau. En concevoir d'autres qui se verraient reconnaître le droit à l'autodétermination revint à ouvrir une boîte de Pandore
dont sortirent des cortèges de conflits ethniques, d'im-
possibles territorialisations et des déstabilisations qu'on
eut tôt fait de qualifier de « balkaniques »... Discuter
l'idée même d'unité territoriale devenait un écart hasardeux : la taille de l'État-nation obéissait presque à un
nombre d'or, ni trop grande pour ne pas entraver la communication, ni trop petite pour ne pas segmenter les
échanges. L'intégration n'était bonne que si elle était
contrôlée par la rigueur fédérale : elle ne supportait ni
la reconstruction impériale ni l'idée encore irrecevable
d'un ensemble régional allant au-delà d'une coalition
d'États.

Le mérite de Stéphane Paquin est de montrer ici
que cet ordre est obsolète, que l'international s'est fait
mondial, que la juxtaposition perd son sens au profit
d'une intégration qui n'a plus cette réputation d'exception suspecte. Il s'agit bien, comme il l'annonce, d'une
« revanche des petites nations » qui trouvent effectivement dans l'intégration les moyens de combattre les
impasses de la juxtaposition d'antan. Encore faut-il bien
s'entendre : tout vient à changer. La notion de communauté politique se dissout : elle, naguère si belle,

dirait-on dans une parodie osée, perd aujourd'hui le sens de son identité. Elle existait par le territoire et par la priorité des allégeances que les individus se devaient de lui consentir de manière à l'ériger en support de l'État. Comme le note judicieusement Stéphane Paquin, cette banalisation et cette dévalorisation qui frappent désormais la strate territoriale étatique favorisent une sorte de libération des liens culturels, tels qu'on les voit effectivement proliférer aujourd'hui.

De ces transformations que l'auteur étudie si finement, nous retiendrons surtout trois conséquences. D'abord, une incertitude croissante qui pèse sur l'idée de citoyenneté qui se nourrit d'allégeance prioritaire, alors que Stéphane Paquin montre fort bien que celle-ci est difficilement compatible avec la mondialisation. On relèvera ensuite le flou qui s'empare de l'idée de nationalisme, fortement bousculée par la recomposition du concept même de nation, détaché désormais de celui d'État : en quittant l'ordre westphalien, le politique se déterritorialise, s'inscrit dans des logiques d'interdépendance, abandonnant aux communautés des formes nouvelles et complexes d'engagement. Aussi le nationalisme vient-il improprement se confondre avec l'identitarisme et l'ethnicisme, risquant parfois de donner aux entrepreneurs politiques qui se nourrissent de primordialisme les moyens de vendre l'illusion quelquefois meurtrière d'un débouché territorial et stato-national de leurs projets. La question reste ouverte : le culturel est-il territorialisable ? Peut-être en ce qui concerne l'Écosse et la Catalogne ; un peu moins déjà en ce qui concerne le Québec où des « minorités » anglophones sont enclavées ; de façon beaucoup plus discutable quand il s'agit des Kurdes, des Sikhs ou des Hutu… Que devient enfin la démocratie quand se défont allégeance citoyenne et communauté politique territoriale ? Connaît-on aujourd'hui la règle démocratique de l'interdépendance ?

Autant de questions qui justifient ce saut dans l'avenir et cette réflexion sur le présent que nous offre Stéphane Paquin. Autant de raisons pour comprendre, au-delà de la revanche des petites nations, le retour du local et du communautaire ainsi que l'invention au quotidien d'une politique mondiale déterritorialisée.

BERTRAND BADIE,
Professeur des Universités et directeur
du cycle supérieur de Relations internationales
à l'Institut d'études politiques de Paris

Introduction

À l'heure actuelle, en Europe, on ne compte pas moins d'une quinzaine de mouvements nationalistes subnationaux actifs[1]. En Amérique du Nord, la situation est plus stable, malgré la notable exception du Québec et de Porto Rico. Les conséquences de cet état de choses sont importantes. On craint pour la stabilité de la scène internationale en raison du nombre croissant des nouveaux pays qui sont apparus depuis le XVIIᵉ siècle. Au cours du seul XXᵉ siècle, un nombre sans précédent de nouveaux États ont vu le jour. Si, en 1900, on comptait près de 40 pays souverains, leur nombre atteint environ 185 aujourd'hui. On avance également que l'éclatement du Canada porterait un dur coup à la communauté internationale. En effet, si un pays aussi choyé que le Canada n'arrive pas à régler sa crise politique interne, on a de quoi être pessimiste quant au sort de l'humanité. Le président élu de la Cour européenne des droits de l'homme, M. Luzius Wildhaber, a admis que

---

1. Voir le numéro spécial du *Courrier international* sur le sujet (4 au 10 juillet 1996).

la rupture du Canada serait pour lui une « perte personnelle » ! D'un point de vue plus strictement européen, on est inquiet pour l'avenir de l'intégration européenne. Ainsi, on suppose que peu d'États-nations accepteront une plus grande intégration si cette dernière stimule les mouvements sécessionnistes. On craint également l'effet domino de la tentation sécessionniste. Bref, pour employer une expression américaine, nous serions bien en présence d'un « danger clair et immédiat ».

La montée des mouvements nationalistes subnationaux, par exemple au Québec, en Écosse ou en Catalogne, constitue un changement important sur le plan international. Il n'y a pas si longtemps, l'expansion de l'État-nation semblait si irrépressible que Karl Deutsch, un des premiers théoriciens du nationalisme, affirmait avec conviction que la modernisation entraînerait la disparition progressive des particularismes ethniques ou régionaux. En effet, pour Deutsch, il ne faisait aucun doute que les groupes dominants finiraient par assimiler les petits groupes. D'après lui, les groupes périphériques qui participent à la vie sociale auraient été contraints de s'intégrer au groupe dominant, ne serait-ce que pour que leurs membres puissent travailler. À terme, l'assimilation aurait touché tout le monde, en raison du développement de réseaux de communication (Deutsch, 1969, p. 162). L'idée était simple, mais elle s'est révélée fausse.

Jusqu'à tout récemment, l'organisation du monde tirait sa justification du système westphalien. Ce système, qui correspond au début de l'ère de l'État territorial, fonde l'idée que « seule une juxtaposition de communautés politiques souveraines est viable, que seule celle-ci est porteuse d'ordre et de sécurité » (Badie, 1996b, p. 447). Depuis l'établissement de ce système, la communauté internationale valorise la stabilité de la scène internationale, malgré les revendications des mouvements nationalistes subnationaux. On souhaite un système stable, on marginalise ou on assimile, souvent par la force, les mouvements culturels qui évoluent au sein des États territoriaux, seuls garants de la stabilité mondiale.

Un des effets du système international était de faciliter la tâche des gouvernements territoriaux en leur assurant une plus grande stabilité. Selon Bertrand Badie, « le système international accomplissait ainsi, en se construisant, un véritable travail de canalisation de l'invention nationale » (Badie, 1996b, p. 448). Il est évident qu'à l'époque de l'État-nation triomphant celui-ci gagne en importance par l'ampleur des interactions économiques et sociales qui ont lieu à l'intérieur de ses frontières. Les questions de sécurité favorisent le maintien des États-nations en ce qu'elles mobilisent les populations pour lutter contre un ennemi extérieur. Comme le dit si bien Charles Tilly, les États font la guerre et la guerre fait les États. La tendance est à l'intégration et à la limitation de la fragmentation nationale qu'entraînent les antagonismes de classe ainsi que les résistances à l'assimilation au nom de l'affirmation d'identités rivales.

Faire partie d'un État-nation présentait des avantages considérables pour les membres de nations historiques comme le Québec, l'Écosse et la Catalogne. Ils avaient accès à un vaste marché où écouler leurs produits et ils bénéficiaient de la protection de l'État territorial non seulement sur le plan économique, mais aussi sur le plan militaire. On comprend l'importance de ce modèle de développement économique et politique dans la définition de l'intérêt national et dans la construction de liens toujours plus forts entre les citoyens. Le système mis en place impliquait que les États territoriaux avaient la capacité de réguler les activités ayant cours sur le territoire national, qu'ils avaient le monopole de la représentation internationale, qu'ils étaient les seuls acteurs du jeu international et que l'action diplomatique de l'État était motivée par une volonté de puissance qui s'évaluait principalement par ses capacités militaires.

C'est ce système que la mondialisation vient jeter par terre et dont elle vient empêcher la reconstruction. La mondialisation provoque une triple érosion de l'État-nation. Au sommet, les exigences d'un mode de production globalisé, tout comme la présence de multinationales apatrides, ont mis l'État-nation dans l'orbite d'une interdépendance croissante des États. Si l'on ajoute à cela les effets de la transnationalisation qui favorise la création d'allégeances identitaires en dehors des frontières de l'État, on découvre qu'une des conséquences de ces phénomènes est la perforation du tissu de souveraineté de l'État-nation sur le plan socioéconomique, voire politique. Le nouveau contexte international favorise l'approfondissement des processus d'internationalisation et des blocs régionaux comme l'Accord de libre-échange nord-américain (ALÉNA) et l'Union européenne (UE).

Au centre, l'État-nation, vidé d'une partie de sa substance, fait face à sa propre incapacité à mobiliser la population, en partie à cause de l'atomisation de la société civile provoquée par les forces du marché et le retrait de l'État providence. Les partis politiques sont plus souvent régionaux que nationaux même s'ils sont parfois également actifs sur la scène nationale, si bien qu'il n'y a plus ou guère de correspondance entre ceux qui interviennent sur la scène nationale et ceux qui interviennent sur la scène régionale : ils ont des organisateurs, des modes de financement et des logiques internes distincts.

Finalement, le protectionnisme est remplacé par le libre-échange. Une dernière tendance se dégage de tout cela : on est porté à envisager les problèmes de restructuration économique dans une perspective locale plutôt que nationale, ce qui donne lieu à une fracture sociale importante entre les différents segments de la nation. En résumé, alors que la logique économique et les phénomènes de transnationalisation poussent à la mondialisation de l'économie, à l'interdépendance et à l'internationalisation, la logique du politique va vers la fragmentation nationale et la montée du localisme.

Avec la mondialisation, et plus particulièrement avec les divers processus d'internationalisation, beaucoup d'obstacles sont levés sur le chemin de l'indépendance. Le libre-échange diminue les coûts de l'indépendance en offrant de nombreux débouchés pour les produits locaux, ce qui rend improbable l'asphyxie économique. L'utilité d'un cadre étatique multinational s'en trouve d'autant réduite. Selon les calculs des leaders des mouvements nationalistes subnationaux, l'adhésion à l'ALÉNA pour le Québec et à l'Union européenne pour la Catalogne et l'Écosse diminuera considérablement les coûts de l'indépendance, si elle devient nécessaire. Très souvent, les pouvoirs locaux estiment être mieux placés que la bureaucratie du centre pour gérer leurs affaires.

La part croissante de l'activité multilatérale a introduit des transformations majeures au niveau mondial. Aujourd'hui, tous les domaines de l'activité étatique entrent dans le champ de compétence d'au moins une organisation intergouvernementale. Le nombre croissant d'accords internationaux et d'organisations veillant à leur application, tant en ce qui touche le commerce (Organisation mondiale du commerce [OMC]) qu'en ce qui touche la défense (Organisation du traité de l'Atlantique Nord [OTAN]), l'énergie, les ressources naturelles, etc., rend possible l'indépendance. Les processus d'internationalisation rassurent quant à la viabilité de l'indépendance. En somme, les changements provoqués par la mondialisation font en sorte que les mouvements nationalistes subnationaux croient pouvoir réaliser plus facilement l'indépendance. Si la mondialisation ne crée pas les mouvements nationalistes subnationaux, pas plus qu'elle n'attise leur désir d'indépendance, elle élargit toutefois leur répertoire d'actions.

La thèse que je développerai dans cet essai est la suivante : la mondialisation, en diminuant les avantages de l'intégration et les obstacles à l'indépendance, favorise la désintégration. Cette assertion n'implique pas que l'indépendance est inévitable ni que les coûts reliés à la sécession sont inexistants. Certains mouvements nationalistes (Vlaams Blok, ETA, etc.) sont ouvertement hostiles à la mondialisation. Je soutiens simplement que les avantages liés à l'intégration diminuent à la suite de la mondialisation, tout comme se trouvent réduits les obstacles à l'indépendance. Les mouvements nationalistes subnationaux ont tous réagi face à la nouvelle situation engendrée par la mondialisation. La réponse des entrepreneurs identitaires variant en fonction de contraintes particulières et d'une histoire propre à chaque cas, le recours à la méthode comparative sera ici pertinent.

Dans les cas qui m'intéressent plus particulièrement, soit la Catalogne, l'Écosse et le Québec, faire partie d'un

État territorial comme l'Espagne, la Grande-Bretagne, le Canada offre de moins en moins d'avantages. En effet, les transformations de l'État providence dans la foulée de la mondialisation englobent le déclin des politiques en matière de redistribution de la richesse et de citoyenneté universelle. Avec la généralisation du retrait de l'État providence, les avantages matériels et symboliques que procure l'appartenance à un ensemble plus vaste diminuent. Dans ce contexte, les affinités culturelles deviennent dans la consolidation de l'idée de nation des liens plus puissants que les constructions politiques, surtout si celles-ci sont caractérisées par des relations de domination comme au Canada, en Espagne ou en Grande-Bretagne. C'est ainsi que les Québécois se sentent de moins en moins « canadiens » et de plus en plus « québécois ». Il en va de même en Catalogne ou en Écosse : l'identification première des citoyens change peu à peu en faveur d'identités subétatiques. De plus en plus, les citoyens acquièrent un sentiment d'appartenance et une identité multiple qui réduisent la cohérence de l'idée de nation ou d'allégeance prioritaire à un État-nation.

De plus, les obstacles qui rendent difficiles l'indépendance ou les formes variées d'autonomie disparaissent progressivement. Les « coûts de l'Exit ou de sortie », pour reprendre l'expression d'Albert Hirschman, diminuent. En effet, avec l'institutionnalisation de la scène internationale, les obstacles reliés à la transition vers l'indépendance diminuent graduellement. Les Québécois ont bien compris ce phénomène. Au dernier référendum, plus de la moitié des francophones croyaient que la souveraineté n'entraînerait pas de coûts économiques à court terme et, parmi eux, près de la moitié estimaient que l'indépendance stimulerait l'économie du Québec (McRoberts, 1999). Ce changement d'attitude est très important et significatif.

Ensuite, la mondialisation a enclenché un processus de décentralisation qui fait en sorte que les acteurs subnationaux peuvent exercer leur pouvoir dans un nombre accru de domaines et disposent de ressources financières plus grandes. Leurs bureaucraties respectives se sont considérablement professionnalisées. Aujourd'hui, tout indique que ces bureaucraties professionnelles ou « rationnelles légales », selon l'expression de Max Weber, peuvent assumer plus de compétences, celles d'un pays souverain par exemple. Actuellement, en Europe et en Amérique du Nord, la plupart des grands projets sont réalisés à l'échelle régionale et locale plutôt qu'à l'échelle nationale (Newhouse, 1996). En les rapprochant du pouvoir, les politiques de décentralisation éloignent les citoyens des États-nations.

Finalement, avec la fin de la guerre froide, les problèmes de sécurité militaire ont été remplacés par les problèmes de sécurité économique jugés plus importants. Du coup, l'intérêt national devient difficile, voire impossible, à définir, car, si tous les individus ont avantage à s'unir pour se protéger contre un ennemi commun[2], sur le plan économique, il n'y a pas d'intérêt national comme tel. L'éclatement des allégeances à l'intérieur des pays ne fait qu'accentuer cette crise. Le Québec rivalise avec l'Ontario et Montréal avec Toronto. Lorsque le gouvernement fédéral investit dans

---

2. Cependant, comme le dit Alain Dieckhoff (2000, p. 291), même si les conflits armés servent souvent de catalyseurs à la solidarité nationale, il arrive également qu'ils agissent comme « ferments de division », comme cela a été le cas au Canada et en Belgique lors des deux conflits mondiaux.

les technologies de pointe en Ontario, il rend plus concurrentielles ces entreprises au détriment des industries du Québec. Bref, l'intérêt national est difficile à définir, car les enjeux économiques sont régionaux et même locaux.

Pour limiter les effets négatifs des politiques du gouvernement de l'État territorial, les États subnationaux mettent en œuvre une politique étrangère. Ce nouveau phénomène, qui s'accélère dans les années 1960, n'est pas sans risques, car il est porteur de désordre et de conflits. En effet, le danger est qu'à l'interne une lutte s'engage entre un centre qui cherche à préserver ses prérogatives en s'opposant activement aux forces centrifuges et les mouvements nationalistes subnationaux qui ambitionnent de se construire une identité d'acteur international qui échapperait partiellement au contrôle des États territoriaux. La logique des nationalismes subnationaux ne vise pas l'intégration nationale ou l'intégrité territoriale, mais plutôt le renforcement de la collaboration transnationale, cela parfois avec des acteurs qui tentent également de s'émanciper du cadre territorial qui limite leurs ambitions internationales. Le fait d'agir sur la scène internationale, d'être l'interlocuteur de pays, comme de la France pour le Québec, a joué et joue encore un rôle important dans le processus de construction de la nation mis en branle par les mouvements nationalistes subnationaux.

La mondialisation a provoqué, au sein de certains mouvements, un changement dans la nature du nationalisme. Comme l'avance Alain Dieckhoff (2000), le nationalisme au Québec, en Catalogne ou en Écosse ne se résume pas à un simple mouvement d'humeur ou au réveil d'une force tribale primitive ; il constitue plutôt une manifestation centrale de la modernité. Les nationalismes québécois, catalan et écossais, autrefois protectionnistes et autarciques, sont aujourd'hui libre-échangistes et de projection.

Ces « nouveaux nationalismes », selon l'expression de Michael Keating (1997), peuvent en dérouter plusieurs. En effet, depuis très longtemps, les spécialistes du nationalisme établissent une relation étroite entre nationalisme, protectionnisme, racisme et homicide. Le nationalisme est cependant un objet sociologique plus complexe, qu'on ne peut restreindre à ses manifestations les plus spectaculaires. En ne se centrant que sur les chiens qui jappent, pour employer l'expression d'Ernest Gellner, on aboutit à une disqualification généralisée du nationalisme. Or le nationalisme a souvent pris dans l'histoire des formes positives.

Le Québec, l'Écosse et la Catalogne ne constatent pas passivement la mondialisation, ils en sont les promoteurs en supportant le développement de blocs régionaux et la libéralisation des échanges. Plus encore, les leaders nationalistes justifient leur soutien au développement de blocs régionaux par leur nationalisme. Comme le dit Pierre Martin, professeur d'économie politique internationale à l'Université de Montréal : « Le Québec n'a pas endossé le libre-échange en dépit de son nationalisme ; le Québec a choisi le libre-échange à cause de son nationalisme » (ma traduction de Martin, 1995, p. 2). Pour le Parti québécois, le développement d'une zone de libre-échange réduit les coûts anticipés de l'accession à l'indépendance et rassure sur la viabilité économique d'un Québec souverain. Pour le Parti libéral du Québec, le développement d'une zone de libre-échange est perçu comme une façon de réduire les pouvoirs d'intervention du gouvernement central par rapport au gouvernement du Québec. En Catalogne, selon Michael Keating, « [les] nationalistes sont presque unanimes à soutenir l'intégration européenne et, rompant avec leurs prédécesseurs, à prôner le libre-échange » (Keating, 1997, p. 179). La situation est analogue en Écosse où le SNP (Scottish National Party) se fait le promoteur de l'idée d'« indépendance dans l'Europe ».

Le nationalisme tel qu'il est maintenant défini dans les mouvements nationalistes subnationaux est un nationalisme de projection. Par exemple, au Québec, les jeunes semblent moins préoccupés par l'application de la Charte de la langue française (loi 101) ou par une reconquête économique du Québec par les francophones que par la projection de l'image des Québécois sur la scène internationale. Les Québécois s'intéressent de près aux succès des corporations transnationales québécoises comme Bombardier et Quebecor ou aux succès de Céline Dion et du Cirque du Soleil dans le monde. Ils se soucient de la perception que les autres ont d'eux. Ils exigent donc de leur gouvernement qu'il soit actif à l'échelle internationale afin de faciliter l'établissement et l'expansion d'entreprises québécoises à l'étranger, mais aussi afin de faire connaître la culture, la nation et la nouvelle diversité nationale. Selon un sondage récent, 87 % des Québécois appuient l'idée soutenue par le Parti Québécois et par le Bloc Québécois, son frère jumeau sur la scène fédérale, de permettre au Québec d'être présent dans les forums internationaux où ses intérêts sont en jeu (Venne, 1999a). Il s'agit là d'un changement également très significatif.

Pour rendre compte des transformations induites par la mondialisation, une étude historique sur la longue durée s'impose. C'est pourquoi j'examine, dans un premier temps, la genèse de l'État et de l'État-nation. L'idée est de démontrer que les politiques étatiques et les interactions qui se produisent au sein de l'État-nation favorisent l'intégration nationale au détriment des identités régionales. L'objet du deuxième chapitre, qui porte sur la mondialisation et les mouvements nationalistes subnationaux, est de donner une dimension historique au phénomène de la mondialisation ; j'entends montrer comment la souveraineté de l'État décline et mettre en évidence les effets de ce déclin sur les mouvements nationalistes subnationaux. Le troisième chapitre traite de la genèse des mouvements nationalistes subnationaux et cherche à montrer en quoi la mondialisation élargit leur répertoire d'actions. On verra que, en diminuant les coûts de transition vers l'indépendance et en limitant les avantages de l'intégration, la mondialisation ouvre la voie à de nouvelles stratégies en plus de transformer fondamentalement la structure des sociétés. Les trois derniers chapitres sont consacrés à l'étude des cas, c'est-à-dire de la Catalogne, de l'Écosse et du Québec.

Nous avons choisi ces trois nations car, selon Alain Dieckhoff, un trait sociologique majeur unit le Québec, la Catalogne et l'Écosse et « explique la persistance du nationalisme : ces pays sont des sociétés globales [...] dotées d'une structure sociale complète, d'institutions propres, d'un territoire spécifique et d'une culture particulière. Parce que de telles sociétés ont une forte densité, leurs membres se situent davantage par rapport au cadre étatique général, à savoir, le Canada, l'Espagne [et] la Grande-Bretagne [...]. Pour beaucoup de citoyens, la société globale devient le point de référence prioritaire, voire exclusif » (Dieckhoff, 2000, p. 123-124).

CHAPITRE PREMIER

De l'État à l'État-nation

On ne peut traiter des nations et du nationalisme sans définir les concepts les plus importants, surtout que le sens de ces derniers varie selon les auteurs. Prenons le concept de nation, par exemple. Pour plusieurs, ce terme est synonyme d'État, lequel se définit comme un ensemble territorialement organisé et envisagé comme sujet du droit international, malgré la distinction importante qui doit exister entre les deux. En science politique, on parle de relations internationales, alors qu'on devrait parler de relations interétatiques. Les organisations supraétatiques comme les Nations unies ou la Cour internationale de justice ne sont pas des organisations internationales, mais bien des organisations interétatiques (Connor, 1978).

La nation est une construction de l'esprit, «une communauté imaginée», selon l'expression de Benedict Anderson (1996), qui symbolise le désir de vivre ensemble ou la conscience de soi des membres d'une collectivité humaine. La nation est imaginée comme étant *limitée, souveraine et solidaire*. La nation est une communauté imaginée, car un membre de la communauté ne connaîtra jamais l'ensemble des membres de cette dernière, mais il se fera une idée de la communion nationale. Ainsi que l'écrit Anderson (1996, p. 19), «[...] même les membres de la plus petite des nations ne connaîtront jamais la plupart de leurs concitoyens : jamais ils ne les croiseront ni n'entendront parler d'eux, bien que dans l'esprit de chacun vive l'esprit de leur communion». La nation est imaginée comme étant limitée, car c'est une entité finie : même la plus grande nation du monde n'englobe pas toute l'humanité. La nation est imaginée comme étant souveraine et a par conséquent pour destin de se gouverner sans subir d'ingérence. Finalement la nation est conçue comme solidaire, car ses membres ont le sentiment d'être liés par des devoirs et des intérêts communs, dont dépendent la cohésion et l'avenir de la communauté, et ce, indépendamment des classes sociales et des inégalités qu'on y trouve (Anderson, 1996, p. 19-20). La nation, selon Gil Delannoi (1999, p. 19), «est une catalyse qui transforme la masse informe et atomisée en groupe conscient et solidaire».

Inutile de dire que l'idée de nation n'a pas le même sens pour tous les membres de la nation. Un syndicaliste et un militaire, par exemple, n'ont pas la même représentation de la nation. La représentation qu'un individu a de sa nation joue un rôle important dans la vie politique, car elle influe sur les actions politiques.

Par ailleurs, l'idée de nation répond à un besoin : celui d'avoir l'impression d'appartenir à une communauté solidaire, stable, donc rassurante. Se dire membre d'une nation renvoie à l'idée de similitude fondamentale avec tous les autres membres de cette nation, malgré la différence des origines sociales. Le sentiment d'identité nationale sert à unir en repoussant à l'arrière-plan ce qui différencie.

La conscience de soi d'une nation présuppose l'existence d'un autre groupe social ou d'une autre nation. Le sentiment d'être différent ne peut vraisemblablement naître qu'en présence d'une autre société distincte. Le concept du « nous » implique un concept du « eux », car on s'identifie toujours par rapport à quelque chose. Une fois qu'un ensemble humain a constaté qu'il a des traits semblables (coutumes, attitudes, croyances, mythes) que n'a pas un autre ensemble humain, il s'établit entre ses éléments un « lien psychologique qui est caractérisé par un sentiment de similitude et d'unité, une sensation d'appartenir à la même parenté » (Connor, 1978, p. 159). « La nation, dira Gil Delannoi (1999, p. 15) emprunte sa métaphore à la famille. » Cette métaphore est abondamment exploitée : on parle de « mère patrie », d'« enfants de la nation »...

L'identité nationale est quant à elle une construction sociale. Cette dernière existe uniquement grâce à un travail de représentation, généralement effectué par les intellectuels, mais aussi par les étrangers, c'est-à-dire ceux qui ne se réclament pas de la même nation. Les membres d'une nation se forment une image de leur communion nationale par le biais des livres d'histoire, de l'école, des articles de journaux, des discussions en famille ou entre amis, mais également par l'image d'eux que véhiculent les voisins porteurs d'une autre identité. Comme le disait Pierre Elliott Trudeau, le nationalisme n'évolue pas en vase clos. Il écrivait, en 1967, que « la plupart des Anglo-Canadiens ne se rendent pas compte que ce sont leurs propres attitudes qui [...] déterminent l'ampleur et la force du nationalisme québécois » (Trudeau, 1968, p. 148). En fait, ainsi que plusieurs spécialistes l'ont remarqué, le nationalisme est influencé par les actions de l'*autre* (Greenfeld, 1992). On parle d'effets de réaction ou de contagion.

L'élément subjectif qui est présent chez tous les nationalistes est ce sentiment de former une nation mue par un « vouloir-vivre collectif », ou ce qu'Ernest Renan appelle un plébiscite de tous les jours. La nation « est une âme, un principe spirituel », affirmait-il encore (Renan, 1992, p. 54). Même si les mouvements nationalistes formulent toujours des revendications économiques et territoriales, les revendications premières des nationalismes sont avant tout spirituelles. Les nationalistes insistent pour que leur identité nationale soit reconnue. Montserrat Guibernau soutient, dans la même veine, que la reconnaissance est l'objectif fondamental de tout mouvement nationaliste (Guibernau, 1999, p. 25). Le nationalisme est souvent nourri d'un sentiment d'outrage à la dignité humaine, provoqué par le désir d'être reconnu comme égal.

Liah Greenfeld avance que l'idée moderne de la nation sert à établir de nouveaux liens de solidarité politique en ce qu'elle affirme l'existence d'une communauté d'intérêts dont tout le monde est membre. Chaque individu est compris dans un ensemble politique qui le dépasse et qui lui donne une raison d'être fier de cet héritage commun. Le sentiment d'appartenance à une nation procure un sentiment de confiance mutuel. La réaction des nationalistes face aux agressions d'une autre nation est, en somme, une affaire de dignité. En inventant l'idée de nation, la société acquiert une identité collective qui limite les conflits internes et qui assure une base militante de défense face aux étrangers (Greenfeld, 1992).

Le nationalisme, c'est le fait de faire de sa « nation imaginée » l'objet premier de sa loyauté et de son allégeance. Cela n'implique pas automatiquement la recherche de l'indépendance politique, car des nationalistes peuvent très bien croire que leur nation a plus de chances de survivre dans un ensemble politique plus vaste, comme le Québec dans le Canada. La participation d'une nation comme le Québec, la Catalogne ou l'Écosse à une entité politique multinationale comme le Canada, l'Espagne ou la Grande-Bretagne est jugée en fonction des intérêts de cette dernière. Ainsi, l'allégeance à l'entité politique multinationale est conditionnée par les intérêts de la nation et subordonnée à ceux-ci. Ces nations peuvent mettre en veilleuse l'objectif d'autodétermination pour des raisons économiques, militaires ou autres, mais l'idée d'indépendance devient le référent auquel sont comparées les autres options. La question « n'est pas de savoir pourquoi chercher un élargissement des pouvoirs, mais plutôt de savoir pourquoi accepter moins que l'indépendance » (Kymlicka, 1998, p. 15-16). Les choses ne sont cependant pas si simples, car un individu peut avoir une identité multiple, qui varie en fonction des événements. Il est fréquent au Québec de rencontrer quelqu'un qui s'identifie tantôt au Québec, tantôt au Canada, ou même aux deux dans les débats politiques.

Le concept d'État-nation prête aussi à confusion. Pour plusieurs, l'État-nation se confond avec le pays, même si le sens exact du concept veut que les frontières de l'État coïncident avec celles de la nation. Dans une étude qui date de 1971 et qui a porté sur 132 pays, seulement 12, soit 9,1 % du total, pouvaient être considérés comme étant de véritables États-nations (Connor,

1978, p. 380-381). Faire la distinction entre les concepts n'aurait pas la même utilité si le monde était presque uniquement formé de véritables États-nations. Dans cet essai, le terme État-nation renvoie à l'espace territorial qui est occupé par un peuple, c'est-à-dire par un ensemble humain qui exerce la souveraineté politique sur ce territoire et qui partage les mêmes institutions politiques. La construction de l'État-nation finalise la centralisation de l'autorité à l'intérieur des frontières étatiques. Elle implique également des tentatives pour imposer à la population de ce territoire des valeurs et une culture communes. Plusieurs nations peuvent donc exister au sein d'un même État-nation.

Le terme « ethnicité » est également employé dans divers sens. Ce concept tend à attribuer à un groupement humain une réalité naturelle qui serait une réalité donnée et non pas construite socialement, ce qui est très contestable (Geertz, 1963). L'ethnicité se rapporterait à l'ensemble des traits innés et communs à un groupe social. Ce concept, développé par les anthropologues qui étudiaient les sociétés primitives, s'est mal étendu aux autres sciences sociales. Malheureusement, dans l'usage courant, ethnie est souvent synonyme de minorité. Pourtant, une ethnie n'a pas à être minoritaire pour être telle. L'ethnie arabe est majoritaire et présente dans plusieurs États. L'ethnie française est l'ethnie majoritaire en France, l'ethnie anglaise, en Angleterre... Il ne faut pas non plus confondre la nation et l'ethnie. La nation québécoise ne correspond pas à l'ethnie canadienne-française. En somme, les Acadiens, les francophones hors Québec ne sont pas des Québécois.

Les spécialistes du nationalisme font souvent une distinction entre deux types de nationalisme, à savoir le nationalisme ethnique et le nationalisme civique. Cette distinction est centrale dans la compréhension du nationalisme, et en particulier dans le débat au sujet de la façon dont les États doivent aborder la question des minorités. Le nationalisme ethnique suppose que l'appartenance communautaire répond à des critères prédéterminés. Le mythe de l'ancêtre commun serait très ancré dans les communautés pratiquant le nationalisme ethnique. L'appartenance ethnique est attribuée aux individus, ils ne peuvent la choisir. L'appartenance civique, quant à elle, tiendrait à un choix de la part des individus. Le nationalisme civique se fonderait non pas sur l'ethnie, mais sur des valeurs, des institutions et une mémoire historique communes. Le nationalisme civique est donc inclusif et tourné vers l'avenir, alors que le nationalisme ethnique est exclusif et tourné vers le passé. Ces deux thèses sont indéfendables.

On cite souvent l'exemple de la France pour le nationalisme civique et celui de l'Allemagne pour le nationalisme ethnique. En effet, le territoire français était peuplé, avant l'apparition de la nation, d'une multitude de groupes ethniques qui, selon la légende, ont accepté volontairement de s'ériger en nation. Dans ce cas, tous ceux qui vivent sur le territoire peuvent devenir français, c'est la doctrine du droit du sol (*jus soli*). Dans le cas allemand, la culture allemande aurait été assez intégrée, mais le territoire morcelé en principautés et en fiefs. L'ethnie allemande s'est donc constituée en nation, vers 1870, en vertu de ses prédispositions ethniques. Les Allemands ont longtemps défini (jusqu'en 1999) la citoyenneté en termes de descendance, ce qui exclut donc les membres d'autres groupes ethniques (les Turcs notamment), peu importe depuis combien de temps ils vivent sur le territoire. C'est la doctrine du droit du sang (*jus sangui*).

Certains auteurs soutiennent, à tort, que seul le nationalisme civique est compatible avec la démocratie, la paix, et plus généralement avec la philosophie libérale. Comme on s'en doute, ces concepts sont des abstractions, des idéals-types qui servent de points de repère pour rendre intelligible la réalité plus complexe. Même si cette distinction était utile pour expliquer les différents processus aboutissant à l'apparition de la nation et pour guider les législateurs lorsqu'ils rédigent des politiques de citoyenneté, le défaut de ces idéals types est qu'ils donnent l'impression que le nationalisme civique est bon et porteur de modernité, alors que le nationalisme ethnique est dangereux. C'est pourtant le nationalisme « civique » américain qui a longtemps entretenu la ségrégation et le racisme…

Cette dichotomie, fausse et manichéenne, entre nationalismes ethnique et civique n'est pas très opérationnelle, car la réalité sociale est éminemment plus complexe que ne le laissent croire ces idéals-types. Les exceptions sont nombreuses dans le domaine. En effet, le nationalisme dit ethnique prend souvent une forme bénigne, comme dans les cas catalan, québécois et écossais, et peut également être porteur de valeurs positives comme la défense des droits des minorités et la justice sociale (Brown, 1999, p. 287). De plus, la plupart des mouvements nationalistes véhiculent des éléments des deux types de nationalisme, ce qui fait que l'on ne sait pas trop où classer le nationalisme québécois, écossais ou catalan, par exemple. Devrait-on les considérer comme des mouvements nationalistes ethniques ou comme des mouvements civiques à l'échelle régionale ?

Les nationalismes dits ethniques sont censés être exclusifs ; ils rejetteraient donc les nouveaux immigrants. Rien n'est plus faux. L'objectif des mouvements nationalistes qualifiés d'« ethniques », comme ceux qui existent au Québec, en Écosse et en Catalogne, est d'assurer la pérennité ou la reproduction de la nation. Au Québec, le déclin démographique fait en sorte que la politique d'immigration du gouvernement est très offensive. L'immigration est présentée comme un impératif pour la survie de la nation. Les Québécois acceptent les immigrants en tant que membres de leur nation dans la mesure où ces derniers s'engagent à apprendre la langue et l'histoire de leur société (Kymlicka, 1995, p. 131). Autrement dit, on peut devenir membre d'une société comme le Québec même si l'on n'est pas d'origine québécoise ou de « souche ».

De plus, les nationalismes « ethniques » seraient anti-libéraux, car la force de réaction que procure une culture ethnique commune fondée sur les liens de sang, sur la race ou sur l'idée d'un ancêtre commun les pousserait à agir ainsi. Il n'existe aucune raison qui explique, *a priori*, pourquoi les critères ethniques seraient une force plus mobilisatrice, plus puissante, que le nationalisme civique. Ce n'est pas le type de nationalisme qui incite à la mobilisation, mais la peur du déclin de la nation, qui peut avoir une cause interne ou externe. Les nationalistes se mobilisent lorsque l'avenir est incertain. Ils cherchent à combattre un malheur et, comme le dit Gil Delannoi, « plus les malheurs sont évidents, plus les présumés coupables sont coupables et donc plus l'appétit d'explication du monde et d'affirmation de soi contre le Mal trouve son aliment » (Delannoi, 1999, p. 107).

Les théoriciens « communautariens » comme Charles Taylor et Will Kymlicka, malgré leurs différends, soutiennent que le nationalisme n'est pas l'opposé du libéralisme, mais qu'il en est plutôt une condition. D'après eux la liberté individuelle ne peut être atteinte que si l'individu est membre d'une communauté culturelle dynamique. Charles Taylor se demande jusqu'à quel point une société démocratique et libérale comme le Canada doit traiter de manière égale ses membres. Taylor écrit :

> La thèse est que notre identité est partiellement formée par la reconnaissance ou son absence, ou encore par la mauvaise perception qu'en ont les autres : une personne ou un groupe de personnes peuvent subir un dommage, une déformation réelle si les gens ou la société qui les entourent leur renvoient une image limitée, avilissante ou méprisable d'eux-mêmes. La non-reconnaissance ou la reconnaissance inadéquate peuvent causer du tort et constituer une forme d'oppression, en emprisonnant certains dans une manière d'être fausse, déformée et réduite. (Taylor, 1994, p. 41-42)

Le fait de considérer tous les citoyens comme des individus égaux et d'imposer les mêmes normes à tous est une forme de discrimination et d'homogénéisation. Il ne faut pas oublier que le droit est une construction culturelle, qu'il est donc porteur de valeurs qui ne sont pas universelles. Doit-on préserver le *statu quo* et favoriser la culture dominante, ou bien accommoder, dans les limites de la philosophie libérale, les autres groupes culturels ? Taylor pense qu'il est possible de reconnaître la spécificité culturelle des groupes brimés tout en restant dans le cadre de la société libérale : c'est ce qu'il appelle la politique de la reconnaissance et c'est ce qui le pousse à se montrer favorable aux politiques linguistiques et à la reconnaissance du Québec comme société distincte.

Contrairement à ce qu'affirment plusieurs auteurs, le nationalisme dit ethnique ne conduit pas nécessairement au conflit, à la guerre. Will Kymlicka soutient que c'est le désir d'assimiler par la force les minorités qui motive la plupart des conflits dans le monde. Ces agressions sont justifiées par le fait que la nation majoritaire se perçoit comme étant composée de plusieurs groupes ethniques. On pense généralement rendre service à ceux que l'on cherche à faire disparaître. En effet, on suppose qu'une fois intégrées ces minorités auront les mêmes droits individuels que ceux qui appartiennent à la majorité nationale. On croit qu'il est dans l'intérêt de ces minorités de se faire absorber par la grande nation porteuse de valeurs civiques, donc « universelles ». L'expansionnisme et l'impérialisme sont congruents à la logique du nationalisme civique. Aux États-Unis, le nationalisme civique a historiquement justifié la conquête, la colonisation, souvent par la force, des minorités nationales, c'est-à-dire les Amérindiens, les Chicanos, les Hawaïens, les Portoricains... C'est cette même conception du monde qui amènera Pierre Elliott Trudeau à proposer, en 1969, ni plus ni moins que l'assimilation des Autochtones. On présenta l'assimilation comme une solution aux problèmes endémiques qui touchent les communautés autochtones. Cette politique du gouvernement Trudeau donnera lieu à une mobilisation des Autochtones, qui s'inspireront directement des discours et des tactiques des nationalistes québécois (Jenson, 1995a, p. 110).

Le nationalisme civique est souvent présenté comme un phénomène émergent (Greenfeld, 1992,

p. 7). On remarque cependant qu'après un certain temps les leaders des nations dites civiques ont recours au mythe de l'ancêtre commun, des pères fondateurs. Ils se réfèrent au passé de la nation et non plus seulement à son avenir. À ce stade, la question qui se pose est : combien de temps une nation civique peut-elle être considérée comme telle ? En résumé, comme le souligne David Brown (1999, p. 300), la différence entre nationalisme libéral et nationalisme antilibéral ne peut pas être expliquée par la distinction entre nationalisme civique et nationalisme ethnique.

Finalement, le nationalisme au sein des nations n'est pas homogène, il est fragmenté. L'espace national est, en effet, composé d'un très grand nombre d'acteurs qui pratiquent tantôt un nationalisme dit civique, tantôt un nationalisme dit ethnique. La France de Jean-Marie Le Pen, le Canada anglophone de Preston Manning et les États-Unis de Pat Buchanan comportent des éléments forts de nationalisme ethnique, alors que le Québec de Bernard Landry et la Catalogne de Jordi Pujol ont des éléments de nationalisme civique importants. Il existe au sein des nations plusieurs variantes partisanes de l'intérêt national. Comme le dit Michael Keating : « Le fait de considérer comme ethniques tous les nationalismes minoritaires ne fait que traduire [...] les préjugés favorables à l'ordre établi pour lequel tout mouvement minoritaire est ethnocentriste, subversif et fomenteur de divisions. » (Keating, 1997, p. 23)

Il ne faut pas être naïf, tous les types de nationalisme ont également des composantes culturelles. Pour devenir membre d'une nation civique, telle la société américaine ou canadienne anglophone, un immigrant devra non seulement donner son allégeance à la Constitution, mais également apprendre la langue d'usage, l'histoire du pays et certains codes culturels. L'objet de ces politiques est d'intégrer les immigrants à la culture commune. Pour devenir Américain, Canadien, tout comme pour devenir Québécois ou Catalan, il faut chercher en tant qu'immigrant à s'insérer minimalement dans la culture commune.

Bref, le nationalisme recèle toujours une composante culturelle importante. Ce qui distingue les nationalismes, c'est moins leurs dimensions ethniques ou civiques que la façon dont ils ont été imaginés et le discours que tiennent les acteurs collectifs qui animent ces formes de mouvements sociaux. Tout cela est susceptible de changer très rapidement compte tenu de la diversité de la scène politique nationale. Il faut mettre en œuvre une sociologie de ces nationalismes dans une perspective historique pour comprendre comment s'est construite la nation, quels sont les moyens des entrepreneurs identitaires et quels buts ils cherchent à atteindre.

L'invention étatique

Max Weber concevait l'État comme « une entreprise politique de caractère institutionnel dont la direction administrative revendique avec succès, dans l'application des règlements, le monopole de la violence légitime ». La construction de l'État implique le développement d'une bureaucratie qui se différencie des autres institutions de la société civile. On s'entend pour situer la naissance de l'État à la fin du Moyen Âge dans les sociétés qui ont connu un féodalisme extrême. Dans ces sociétés, il aurait été plus facile de centraliser le pouvoir administratif. Les États modernes apparaissent donc en Europe vers le XVIᵉ siècle.

À l'époque, selon Shmuel Noah Eisenstadt, il existait un processus permanent de construction et de reconstruction de seigneuries, de cités et d'empires. En effet, l'Europe s'est à plusieurs reprises recomposée en une multitude de communautés souvent rivales et qui aspiraient chacune à dominer politiquement, militairement et idéologiquement les autres (Eisenstadt, 1998, p. 543-544). Voici l'opinion de Charles Tilly : « […] la structure de l'État apparaît essentiellement comme un produit secondaire des efforts des gouvernants pour acquérir les moyens de la guerre ; […] les relations entre les États, spécialement dans la guerre et la préparation de la guerre, ont affecté fortement le processus entier de la formation de l'État. » (Tilly, 1991, p. 38) Dans ces conditions, la construction de l'État répond à une volonté de puissance de la part des entrepreneurs étatiques qui cherchent à maximiser la sécurité de la population. Ces entrepreneurs, qui avaient le pouvoir de contraindre, ont largement utilisé leurs forces pour accroître leur population et leurs ressources. L'État territorial a réussi à s'imposer face aux empires et aux cités-États, car la préparation de la guerre favorise l'institutionnalisation croissante de l'État qui doit, en échange de l'effort de taxation demandé à la population, offrir des services et mettre en place une administration. Les États territoriaux finissent par acquérir de plus en plus de pouvoir militaire et financier, ce qui leur permet de supplanter les rivaux.

Cette explication n'est cependant pas complète, car l'État n'a pas toujours été l'objet de consensus et a engendré des conflits internes. En Occident, la construction de l'État suit une trajectoire différente selon l'État. Certains, comme l'État français, ont dû lutter contre des périphéries sociales qui cherchaient à protéger leurs différences. Dans le cas de la France, l'État est la mesure des résistances contre lesquelles ont buté les stratèges étatiques. Il s'ensuit un État fort, caractérisé par un degré élevé d'institutionnalisation politique et administrative. On cherchera, en France, à faire adhérer chaque citoyen français à des valeurs communes. On tente d'éliminer, souvent par la force, les différences culturelles et linguistiques. En Angleterre, le processus est différent. En effet, cet État est plus faiblement institutionnalisé, car il est le fruit d'une institutionnalisation précoce fondée sur le principe de la représentation. À côté d'un nationalisme anglais subsistera un nationalisme écossais, gallois et irlandais. C'est également le cas aux États-Unis, où le localisme est important (Badie et Birnbaum, 1979). La France, l'Espagne et la Grande-Bretagne se sont constituées sur plusieurs siècles grâce à des conquêtes militaires, mais également par des alliances dynastiques. L'Allemagne et l'Italie, toutes deux très morcelées, se sont édifiées en très peu de temps, entre 1859 et 1871. En Amérique, les États naissent de la colonisation et des conquêtes militaires des Européens. Le Canada obtient graduellement son indépendance, qui se parachève avec le « rapatriement » de sa Constitution en 1982. Les conflits internes feront de ce pays une fédération décentralisée.

L'État marque profondément le système international en le structurant à son image. À la suite des traités de Westphalie, en 1648, les principaux attributs de l'État deviennent, en Occident, la territorialité, la souveraineté et la sécurité. Bertrand Badie et Marie-Claude Smouts le soulignent fort pertinemment : « La généralisation d'un ordre territorial homogène a conduit notamment à l'universalisation du modèle national et à un découpage de l'espace en territoires finis, institutionnalisés et présentés comme légitimes. » (Badie et Smouts, 1999, p. 13)

L'origine des nations et du nationalisme

Le mot « nation » dérive du latin *nascere*, qui signifie « naître ». Les interprétations de l'origine du nationalisme opposent les primordialistes à ceux qui voient dans le nationalisme un fait de la modernité. Pour les primordialistes comme Edward Shils, les nationalismes remontent au Moyen Âge et sont le fait d'ethnies qui se manifestent déjà au sein de l'aristocratie et de l'élite des États prénationaux. L'apparition de la nation ne serait que la redécouverte de ces liens primordiaux. Pour Clifford Geertz, le poids des sentiments primordiaux, qu'ils soient raciaux, tribaux, linguistiques ou religieux, est si grand que le nationalisme ne peut que se construire sur ces sentiments. Anthony D. Smith postule pour sa part que la nation repose sur un cœur ethnique, mais reconnaît qu'il est difficile de soutenir cette hypothèse (Smith, 1991). De plus, il admet que le peuple ordinaire n'était guère touché par les idéaux nationaux. En outre, il donne à la notion d'ethnie une définition si vaste qu'elle peut presque se confondre avec la culture ou avec le concept anthropologique de personnalité de base. Selon Pierre Birnbaum (1996, p. 22), « on peut déplorer un certain fixisme qui n'offre que peu de place au changement d'identité à travers l'histoire d'autant plus fondamental que le nationalisme ne peut se ramener à une unique revendication ethnique tant il est en lui-même porteur d'une nouvelle forme de rhétorique annonçant l'avènement d'un type original de structures sociales globales... »

Les « modernistes » comme Ernest Gellner et Benedict Anderson avancent que les identités nationales se construisent grâce à l'effet combiné des technologies de communication de masse, le *print-capitalism*, c'est-à-dire grâce aux progrès de l'imprimerie bon marché qui rendent possible la publication de livres, de revues et de journaux qui véhiculent graduellement une vision similaire du passé de la nation (Anderson, 1996) et des besoins d'homogénéisation créés par la révolution industrielle (Gellner, 1983).

Vers la fin du XVIIIe siècle, à la faveur de la mort réelle ou symbolique des monarchies et du déclin de l'Église, l'élite invente le mythe de la nation qui lui permet de mobiliser la population. Le politologue Benedict Anderson soutient que le nationalisme est d'abord une invention des intellectuels qui sont à la recherche du génie propre à chaque peuple ou à la recherche d'une continuité historique. L'idée de nation naît au sein de l'élite sous forme de discours. Par la narration, l'élite prénationale crée des nations qui sont en fait des « communautés imaginées ». Les nationalismes se distinguent entre eux « non pas par leur fausseté ou leur authenticité, mais par le style dans lequel [ils] sont imaginés » (Anderson, 1996, p. 20). Le nationalisme peut alors prendre diverses formes : il peut être libéral, conservateur, culturel, linguistique, religieux, protectionniste, intégrationniste, séparatiste, irrédentiste, libre-échangiste, fasciste, communiste, politique, et ainsi de suite.

La nation ne résulte pas, pour les modernistes, de la découverte d'un ordre politique préétabli ; il s'agit plutôt d'une invention par ceux qui propagent les idéaux nationalistes et qui arrivent à mobiliser – souvent par la force – une population en suscitant des espoirs et des émotions, ce qui favorise les entreprises collectives. C'est le nationalisme qui engendre la nation. D'après Ernest Gellner, le nationalisme ne découle pas du réveil d'une ancienne force latente, il est plutôt le résultat d'une nouvelle forme d'organisation. Le nationalisme est créé à partir d'éléments de culture préexistants qui sont transformés dans le processus de construction de la nation (Gellner, 1983, p. 49). Les histoires qu'invoquent les élites nationalistes qui cherchent à créer une nation sont souvent sans fondement historique, ce sont des mythes.

Pour Ernest Gellner, le nationalisme est une simple adaptation aux phénomènes d'atomisation de la solidarité de groupe, atomisation qui est causée par la modernisation. Puisque, selon Gellner, l'industrialisation provoque l'atomisation des sociétés prémodernes et que les nouvelles sociétés qui en émergent sont dépourvues de croyances collectives, c'est l'État qui va créer l'idée de nation en cherchant à homogénéiser la population sur son territoire. Bref, l'État se sert de l'idéologie nationaliste pour créer la nation et la culture commune par le moyen du système scolaire. Pour Benedict Anderson, l'expansion rapide de l'imprimerie bon marché contribue à jeter les bases de la conscience nationale.

L'histoire de la nation et de ses mythes est ensuite diffusée, la plupart du temps par l'État, seule institution qui dispose des moyens suffisants pour le faire. Cette diffusion implique la construction d'écoles et l'établissement de l'enseignement obligatoire dans une langue commune, ainsi que la transmission des mêmes représentations, souvent mythiques, du passé. Selon Ernest Gellner, le processus de construction nationale progresse au rythme de l'intégration dans le système scolaire d'individus ayant compris que l'apprentissage de la langue économiquement dominante et une formation générale leur donneront de meilleures chances de réussite sociale. La scolarisation est également utile pour défendre ses droits contre l'administration étatique. L'homogénéisation culturelle rend alors possible la diffusion d'un discours nationaliste compréhensible par tous.

Le sentiment national touche très inégalement les divers segments d'une nation. Comme le fait remarquer Eric Hobsbawm, « les masses populaires – ouvriers, serviteurs, paysans – sont les dernières à être touchées [par la "conscience nationale"] » (Hobsbawm, 1990, p. 23). Il est possible que certaines affinités aient déjà existé chez l'élite, mais l'extrême fragmentation des sociétés fait en sorte qu'il était impossible que les paysans et la plèbe urbaine intègrent les valeurs de l'élite. Les nombreux dialectes et l'isolement des paysans rendent impossible la diffusion des idées nationalistes.

Enfin, les auteurs de tendance moderniste s'entendent pour dire que les premières manifestations du nationalisme en tant que discours et idéologie apparaissent dans la dernière moitié du XVIIIe siècle, aux États-Unis et en Europe d'abord, ensuite en Amérique latine. Les événements le plus souvent cités concernant la naissance du nationalisme sont la Déclaration d'indépendance américaine en 1776, la Révolution française en 1789 et l'adresse de Johann Fichte à la nation allemande en 1807. Hans

Kohn (1944) soutient que le nationalisme apparaît dans un premier temps en Angleterre, puis se répand à l'étranger. Les penseurs français anglophiles auraient cultivé l'idée en France, idée qui a inspiré la Révolution française. Napoléon Bonaparte, le fils de la Révolution, propagera ensuite les idées nationalistes dans le reste de l'Europe, au fil de ses conquêtes. Les colonies, en contact constant avec l'Europe, adopteront à leur tour le discours nationaliste.

Cette explication de l'origine de la nation et du nationalisme est certainement plus stimulante intellectuellement et plus crédible que la thèse primordialiste. Cependant, elle néglige les facteurs historiques internes. Les analyses modernistes réduisent, pour ainsi dire, l'apparition du nationalisme et de la nation à un complot ou à une manipulation de l'élite, lui enlevant toute historicité.

Même s'il est possible de s'entendre sur le fait que tout fait social est construit, donc imaginé, ce qui importe n'est-il pas de comprendre comment on mobilise la population et les buts visés ? Nous faisons nôtre cette remarque de Pierre Birnbaum :

> N'est-ce pas précisément parce qu'il néglige la question de l'identité nationale dans un rapport à une culture spécifique transmise génération après génération que Benedict Anderson se voit contraint de revenir à une explication marxiste platement économiste [...] en concluant que le nationalisme sous cette forme de communauté imaginée véhiculée par la presse et diffusée par les livres imprimés permet à la bourgeoisie de conquérir les marchés en détruisant les cultures traditionnelles ? (Birnbaum, 1996, p. 28)

De plus, comme le souligne Partha Chatterjee, la perspective que privilégie Benedict Anderson l'empêche de voir que les nationalismes qui se déploient dans les pays du tiers-monde ne procèdent pas seulement de l'importation d'idées conçues en Occident. En effet, comme l'observe Chatterjee, si les cultures extra-occidentales ont importé ces idées d'Occident, que leur reste-il à imaginer ? Les projets des sociétés extra-occidentales sont souvent si éloignés par leur formation et leur sens qu'ils ne peuvent pas être que de simples importations (Chatterjee, 1993). En outre, si l'on considère le cas du Québec, on constate que la thèse de Gellner et Anderson est irrecevable, car le nationalisme au Québec a pris forme avant l'industrialisation et l'apparition de l'imprimerie bon marché. Le rôle de l'élite catholique dans la diffusion du discours nationaliste développé par les premiers parlementaires et intellectuels y a été déterminant.

Les modernistes en général, et c'est là que le bât blesse, postulent que les processus de construction de la nation s'inscrivent dans une logique universaliste. La question est importante : le nationalisme peut-il être universalisé ? Les thèses modernistes ne convainquent pas totalement, car elles font l'impasse sur l'histoire et les stratégies des acteurs. Le nationalisme n'est pas simplement la conséquence de la modernisation et du développement de l'imprimerie bon marché. L'explication de l'essor du nationalisme ne saurait être que conjoncturelle ou liée à l'agrandissement des réseaux de communication.

Il est hasardeux de postuler, comme le font les modernistes, l'unicité d'un modèle de développement politique. Le postulat qui veut que toutes les sociétés partent du même point et arrivent au même point est un postulat dangereux en soi ; il suppose qu'à terme on pourra dessiner une carte du monde des nations et conférer à chacune des attributs communs. Il est par ailleurs faux de penser de la sorte, car les nations sont extrêmement variées et les élites n'ont pas la même capacité de mobilisation. La nation française est étonnamment homogène, alors que le mode de construction nationale britannique laisse subsister, à côté de la nation anglaise, des nations écossaise, galloise et irlandaise. De même, si l'on regarde le mode de construction nationale en Espagne ou au Canada, on voit que les nations sont loin d'être homogènes et que le fait national est en déclin. Cette façon de concevoir le monde provoque une marginalisation des stratégies d'acteurs et minimise le rôle de l'histoire.

Pour résoudre le problème que posent ces théories, n'est-il pas plus utile de considérer le nationalisme comme un type d'action collective irréductible, d'un cas à l'autre ? Bertrand Badie et Marie-Claude Smouts le disent bien : « [...] le nationalisme relève donc d'une histoire concrète en bousculant l'identité universaliste qu'il semble épouser dans ses principes. Lié à une stratégie, il est d'abord inévitablement lié au conflit sociopolitique : enjeu de débat politique, plus qu'objet de consensus, on ne peut l'assimiler simplement à cette "religion politique" porteuse de cohésion et d'intégration. » (Badie et Smouts, 1999, p. 38) Le cadre national n'existe que parce qu'il est construit socialement. Sa mise en place et sa reproduction sont le fait d'acteurs politiques qui cherchent à mobiliser une population afin d'atteindre des objectifs politiques.

Pour mobiliser une population, il convient, entre autres choses, de créer une identité collective, ce à quoi les acteurs politiques s'emploieront. L'impression d'avoir en commun avec d'autres une identité « nationale » rend possible l'apparition de représentations convergentes dans l'espace social et politique. Ces représentations convergentes favorisent la diffusion, au sein d'une population, d'opinions semblables concernant les possibilités et les limites de la mobilisation collective. Les actions collectives menées au nom du groupe engagent le sentiment identitaire, d'abord parce que l'attention est dirigée vers les enjeux communs, ensuite parce que le souvenir des luttes menées collectivement s'inscrit dans l'histoire, ce qui renforce le sentiment identitaire (Braud, 1996, p. 269). La construction d'une identité collective n'est pas simplement une condition de succès pour un mouvement nationaliste, c'est un impératif. À cet égard, les acteurs seront aidés par l'évolution de l'imprimerie bon marché et de l'industrialisation qui implique une homogénéisation des cultures. Ce ne sont cependant pas ces derniers événements qui ont enclenché les processus de construction nationale, ce sont des entrepreneurs identitaires.

Liah Greenfeld soutient, par exemple, que l'idée de nation émerge au sein de l'élite et non pas au sein des classes moyennes ou inférieures. Greenfeld cherche à comprendre ce qui motive l'élite à inclure dans un groupe humain les membres des classes inférieures. Pourquoi l'élite accepterait-elle que le peuple s'identifie à elle, alors qu'elle a, de tout temps, tenté de s'en distancier (Greenfeld, 1992) ?

Contrairement à Gellner, Greenfeld croit que l'idée de nation apparaît avant l'industrialisation en réponse à des besoins contingents. Selon elle, le nationalisme a été inventé en Angleterre, sous Henri VIII, au début du XVIe siècle, afin de soutenir sa lutte contre Rome. Le

Parlement adopte ensuite l'idée pour nourrir l'hostilité de la population contre Jacques Ier. La France, la Russie, l'Allemagne et les États-Unis s'emparent du concept pour des motifs qui leur sont propres. L'idée de nation est mise en avant afin de stimuler une action collective favorable aux positions d'une élite qui lutte pour le pouvoir.

Greenfeld avance également l'hypothèse du ressentiment partagé par un peuple envers un autre à la suite d'une vexation historique. Ce ressentiment contribue à mobiliser la population et facilite l'ancrage du discours nationaliste. Suivant l'hypothèse de Greenfeld, Guy Hermet ne doute pas que les Espagnols ont été animés par une telle rancœur dans les conflits les opposant aux musulmans que cela a favorisé l'apparition de l'idée de nation espagnole. Dans le même ordre d'idées, les Russes se sont sentis solidaires en raison des nombreuses invasions des Mongols ; les Français se sont sentis solidaires après la guerre de Cent Ans, et ainsi de suite. Ces événements constituent des facteurs proto-nationalistes qui ont amené les peuples à prendre conscience d'eux-mêmes (Hermet, 1996a, p. 41-42). Ils prendront une très grande importance quand on écrira, au XIXe siècle, les premières histoires nationales ; on les portera alors au rang de l'humiliation suprême.

L'État-nation

La construction de l'État-nation finalise la centralisation de l'autorité à l'intérieur des frontières étatiques. Elle implique assurément des tentatives étatiques pour imposer à la population de ce territoire des valeurs communes. En effet, contrairement à ce qu'affirme Benedict Anderson, le sentiment d'appartenance à une nation n'est pas imputable à la seule normalisation des langues nationales grâce à la publication de textes bon marché. Ce phénomène a sans aucun doute limité le fractionnement des sociétés entretenu par les patois locaux, mais il n'explique pas entièrement l'apparition de l'État-nation ni la force du nationalisme.

Le nationalisme est, à l'origine, une doctrine de souveraineté populaire et de liberté. Le peuple doit se libérer des contraintes extérieures, il doit gérer ses ressources, il doit pouvoir être maître de sa destinée. La doctrine nationaliste favorise donc l'établissement de rapports de fraternité entre les différents segments du peuple. Le peuple doit être uni et limiter les dissensions internes. Il doit se réunir sur un territoire unique et partager une culture publique commune. Le problème est : quel territoire et quelle culture choisir ?

Selon Alain Touraine, l'élite pré-nationale s'est donné pour mission de transformer la communauté en un tout homogène. Ceux qui refusent d'intégrer les valeurs de la nouvelle nation en formation seront qualifiés d'ennemis ou de traîtres à la nation. Comme l'écrit Touraine :

> L'idée de nation a toujours porté en elle le rêve d'une communauté homogène dont l'unité correspondait à celle de l'État national. Elle a donc toujours tendu à soumettre la pluralité des acteurs sociaux et en particulier des classes sociales à l'unité d'une nation-peuple, définie par une expérience et une volonté communes en même temps qu'elle portait la volonté de la majorité de construire un ordre politique libérateur contre un État, national ou

étranger, agissant comme défenseur de la minorité privi-
légiée. (Touraine, 1996, p. 402)

On assiste donc, par l'entremise des États, à une eth-
nicisation croissante des pays. En somme, la doctrine
nationaliste exige que l'État coïncide avec la nation.
On veut que les frontières ethniques de la nation correspondent aux limites territoriales de l'État, d'où l'apparition du concept d'État-nation.

Dans ce contexte, l'État est appelé à réguler de plus
en plus la vie sociale et à cette fin impose à la société des
valeurs communes. Allant dans le même sens, Daniel-
Louis Seiler affirme que, avec les révolutions « bourgeoi-
ses » et l'avènement de la démocratie, l'État, mis à nu,
cherche des moyens pour se rendre légitime aux yeux de
la population. Pour ce faire, et les élites le comprennent
rapidement, il est utile de constituer une communauté
qui a des valeurs, une langue, une culture et une histoire
semblables. Comme l'explique Seiler (1996, p. 241),
« sauf le cas de populations homogènes du point de vue
culturel, il s'agit d'une entreprise volontariste de grande
envergure qui implique que l'État se saisisse des grands
mécanismes et appareils de socialisation: église et
école ». On instituera également, dans la plupart des pays
européens, un service militaire obligatoire, qui va permettre de diffuser aux jeunes gens, loin de leurs régions,
l'idéologie nationaliste. Dans l'ensemble, l'objectif était,
selon Guy Hermet (1996a, p. 230), d'ancrer « la citoyenneté dans un espace territorial en quelque sorte durci par
son homogénéité linguistique ». Au XIXe siècle s'amorce
une grande entreprise d'écriture des histoires nationales. De cette entreprise naîtront les monuments historiques et les symboles des nations (Thiesse, 1999).

Ce nationalisme d'État est le support indispensable du gouvernement représentatif puis démocratique (Hermet, 1996a, p. 12). En effet, le nationalisme, en instaurant un climat de confiance, rend possible l'alternance de partis au pouvoir et favorise la recherche de solutions consensuelles pour résoudre les problèmes de la société nationale. La propagation de valeurs civiques communes, qui limitent les débats politiques, encourage la liberté d'expression. Les valeurs communes font en sorte que les divisions ne sont jamais irréconciliables. L'exploit des démocraties industrielles est, selon Anthony Giddens (1985), d'avoir réussi à institutionnaliser les conflits entre classes de telle façon que la capacité régulatrice mise en œuvre par ou sous la souveraineté de l'État (lois sur le travail, lois favorisant la création de syndicats) permette de limiter les déchirements nationaux. Bref, l'espace national permet la concurrence entre les partis politiques, les mouvements sociaux qui proposent des visions différentes des intérêts de la société. Dans certains cas, on met en place un mode de scrutin proportionnel afin de faciliter l'intégration nationale des groupes minoritaires. En intégrant les minorités à la joute politique du centre, les institutions centrales s'en trouvaient renforcées (Rokkan, 1970).

Le développement de la démocratie, les politiques en matière de citoyenneté, les nombreuses guerres internationales, le rôle de l'État au chapitre de la sécurité, l'apparition des *mass media*, tout cela contribue à cimenter l'idée de nation en limitant la fragmentation nationale produite par les antagonismes de classe et par les résistances à l'assimilation au nom de l'affirmation d'identités rivales.

L'État-nation est également appelé à jouer un rôle de plus en plus important dans la régulation de l'économie. Il est alors d'intérêt national de s'assurer que la richesse profite à tous les segments de la société. Le plus grand apport de l'État-nation consiste dans la concrétisation d'un marché unifié et intégré. Au début du XIXᵉ siècle, les théories libre-échangistes, inspirées par l'Écossais Adam Smith, perdent graduellement de leur influence au profit d'idées comme celles que met de l'avant l'économiste allemand Friedrich List. Celui-ci, à la suite d'un séjour aux États-Unis et inspiré par les textes d'Alexander Hamilton, un des pères fondateurs de la nation américaine, introduit la notion d'économie nationale. Hamilton professait des théories préconisant l'intervention de l'État dans l'économie pour favoriser l'établissement d'un État central fort. List importe ces idées en Allemagne ; la *Nationalökonomie* – l'économie nationale – devient un moyen de faire entrer l'Allemagne dans « la société universelle de l'avenir » (cité dans Hermet, 1996a, p. 72). Les États-nations éliminent les entraves au commerce à l'intérieur de leurs frontières, fixent des normes communes pour les unités de mesure, imposent une monnaie d'échange nationale sous la direction d'une banque centrale. Ils suppriment également les privilèges des notables locaux, brisent les corporations ou monopoles qui empêchent l'application de règles capitalistes concurrentielles (Keating, 1997, p. 47). L'État-nation doit aussi définir un cadre juridique pour favoriser la stabilité des échanges et réglementer l'activité économique. Il va mettre en place des mécanismes institutionnels pour assurer le respect de la loi pour tous. L'État s'affaire également à aménager les infrastructures nécessaires à son développement, comme le transport en commun, les routes nationales. De leur côté, les mouvements ouvriers vont abandonner progressivement leur idéologie universaliste et opter pour l'idéologie nationaliste. Peu à peu voient le jour, dans la plupart des pays, des syndicats nationaux qui appuient des mesures protectionnistes pour le bien-être des travailleurs. En résumé, les intérêts traditionnels sont remis en question au nom du nouvel intérêt national.

L'État, pour créer ou stimuler l'économie nationale, se livre à des pratiques mercantilistes, cela pour trois motifs : 1) réduire au minimum les importations ; 2) promouvoir les exportations afin de dégager un excédent de la balance commerciale ; 3) spécialiser l'économie nationale pour favoriser l'exportation de produits finis (Kébabdjian, 1999, p. 86). Les politiques mercantilistes contribuent au renforcement de la nation, car elles entraînent le développement ou l'enrichissement d'une classe d'affaires nationale qui, en retour, soutient les initiatives de l'État. On peut donc dire, avec Michael Keating : « Avec l'émergence de l'État-nation, le capitalisme se fit donc de plus en plus "national" et de moins en moins local ou international. » (Keating, 1997, p. 47)

La Grande-Bretagne pratiquera la libéralisation de ses échanges à la suite des guerres napoléoniennes, car sa position dominante fait en sorte que le libre-échange est plus avantageux pour ses intérêts nationaux. Après 1860 et dans la foulée du traité de commerce franco-britannique de Cobden et Chevalier, des mesures libérales se multiplient en Europe. Cette période est souvent dépeinte comme l'âge d'or du libre-échange dans le monde, même si ce phénomène est limité et essentiellement européen. À cette époque, la mondialisation des échanges n'a ni l'intensité ni l'ampleur qu'elle aura à la fin du XXe siècle (Held et coll., 1999, p. 153). De plus, il n'existe aucune institution internationale en ce qui concerne les échanges commerciaux. Les accords de libre-échange sont généralement le fruit d'actions bilatérales ou multilatérales de la part du corps diplomatique. Le mouvement de libéralisation sera cependant freiné à partir de 1870 avec le début des rivalités entre la France et l'Allemagne. Puis, en conséquence de la crise des années 1930, le protectionnisme revient en force. Le prolétariat favorise le protectionnisme comme mesure destinée à protéger l'emploi. Le patronat y voit quant à lui un moyen de freiner la concurrence extérieure.

Après la Seconde Guerre mondiale, l'État intervient de plus en plus dans l'économie. Les démocraties libérales s'entendent assez bien sur le nouveau rôle de l'État. S'inspirant des doctrines keynésiennes, on préconise des pratiques de libre marché et de protection des intérêts privés, conditions de la bonne marche de l'économie. Cependant, l'État s'attribue une fonction régulatrice afin de corriger les défaillances du marché, en particulier les défaillances macroéconomiques (Généreux, 1993, p. 236). L'État se donne pour mission de stabiliser l'économie. Il s'efforce de maintenir le plein-emploi, de stimuler la croissance, d'assurer la stabilité des prix et de favoriser l'équilibre extérieur. L'État s'applique également à hausser le niveau de vie et à soutenir le développement régional. Plusieurs États nationalisent des secteurs stratégiques de leur économie afin d'exercer un meilleur contrôle sur l'économie et de favoriser le développement industriel national.

Le modèle de développement qui se met en place dans la plupart des économies occidentales après 1945 est appelé modèle fordiste ou fordisme. Le principe qui sous-tend ce modèle est qu'un accroissement de la productivité dans les principaux secteurs de l'économie (les secteurs de la production de masse) s'accompagnera d'un accroissement correspondant de la consommation (Jenson, 1995a, p. 98). En relation avec cette structure d'accumulation des mécanismes régulateurs sont mis en œuvre par l'État sur la base d'un compromis social. Ce système régulateur comporte généralement trois composantes : 1) l'établissement de conventions collectives entre le patronat et les syndicats ; 2) la fixation d'un salaire minimum par l'État, ce qui permet de soutenir le pouvoir d'achat ; 3) l'élaboration de programmes sociaux qui donnent des bénéfices aux citoyens en dehors du marché du travail temporairement ou de façon permanente.

Les pays qui ont adopté ces mesures connaissent une forte croissance malgré des périodes ponctuelles de ralentissement. Le moteur de cette expansion est le secteur industriel fordiste, qui produit essentiellement pour le marché intérieur. L'ampleur du commerce international varie selon les pays, mais les modèles de développement dépendent essentiellement des marchés intérieurs (Jenson, 1995a, p. 100). Durant cet âge d'or du fordisme, l'État-nation prend de l'importance en raison des interactions économiques qui ont lieu à l'intérieur de ses frontières. La tendance est à l'intégration nationale.

Même la construction de l'État providence dans la première moitié du XXe siècle sert à renforcer la légitimité de l'État central. Comme l'explique Patrick Hassenteufel (1996, p. 325), l'État providence apparaît comme « un prolongement de l'État-nation en contribuant à la production de la cohésion sociale et à la diffusion du sentiment d'appartenance à la collectivité nationale façonnée par l'État ». L'État est ainsi un facteur favorisant l'intégration et la cohésion nationales. Avec l'avènement de l'État providence, il devient avantageux, matériellement parlant, pour les citoyens d'être membres de la nation. L'État providence neutralise les effets pervers des forces du marché lequel, en ouvrant la porte à la compétitivité, provoque l'exclusion.

Il faut souligner que les considérations précédentes sur le modèle fordiste et l'État providence ne s'appliquent pas totalement au cas de l'Espagne et de la Catalogne où le régime de Franco entretiendra, par ses politiques répressives et violentes (plus de 3300 fusillés en Catalogne), les clivages identitaires. Les socialistes dirigés par Felipe González Márquez tenteront, après leur victoire électorale de 1982, d'instaurer des mesures sociales de type État providence. La situation économique très difficile et les critères de convergence imposés par l'Union européenne forceront une révision à la baisse du rôle social de l'État dans la société espagnole. Il faut également se garder de l'illusion du « développementalisme » ou de l'évolutionnisme. La description précédente de la construction de l'État-nation est un idéal-type qui ne rend pas compte de la grande diversité des trajectoires historiques.

CHAPITRE II

Le retournement du monde[*]

Les relations politiques, économiques et sociales sont mondiales depuis environ cinq cents ans, à la suite de la découverte « officielle » de l'Amérique par Christophe Colomb. À partir de cette époque, on sait que la terre est une entité finie, ce qui a permis d'imaginer des stratégies de développement globales. Grâce au développement des technologies et des moyens de transport, il est possible de circuler de plus en plus librement aux quatre coins du monde. L'amélioration de la navigation à voile et, au XIXe siècle, l'invention des paquebots transocéaniques accélèrent la cadence en réduisant le temps de parcours. À partir du milieu du XXe siècle, les progrès de l'aviation commerciale et civile augmentent la rapidité et l'intensité des échanges. Aujourd'hui, il n'y a plus d'obstacles techniques au déplacement des personnes dans le monde. La baisse constante des frais de

---

[*] J'emprunte ce titre à l'ouvrage publié par Bertrand Badie et Marie-Claude Smouts, *Le Retournement du monde. Sociologie de la scène internationale*, 3e éd. remise à jour, Paris, PFNSP et Dalloz, 1999.

transport a ensuite démocratisé l'accessibilité des moyens de transport. Le nombre de personnes voyageant par les vols internationaux a doublé au cours des dix dernières années : de 243 millions de passagers en 1988, il est passé à 439 millions en 1997. La rapidité s'est également accrue, si bien qu'il faut moins de temps pour aller de Paris à New York en *Concorde* qu'il n'en faut pour aller de Montréal à Québec en voiture, alors que la distance est nettement plus grande.

Au XIXe siècle, une information lancée à Londres prenait plusieurs mois pour se rendre par bateau en Inde. L'invention du télégraphe, s'appuyant sur celle de l'électricité, a permis de raccourcir de beaucoup les délais. La distance n'est alors plus un obstacle à la circulation de l'information. Avec l'avènement du téléphone, au début du XXe siècle, et avec l'actuel développement des réseaux câblés, des satellites et d'Internet, l'information circule en une fraction de seconde partout dans le monde. CNN, le numéro un mondial de l'information, peut, grâce à son réseau de satellites, rejoindre au même moment près de 4 milliards de personnes. Comme on le voit, la mondialisation n'est pas un phénomène nouveau. Dans ces conditions, on se demande comment la définir.

Certains définissent la mondialisation par la négative. Ainsi, pour Gilles Breton, le phénomène « ne se réduit pas à la mondialisation de l'activité économique, ni ne désigne un processus d'unification des différentes entités nationales annonçant la création d'une société mondiale » (Breton, 1993, p. 534). La mondialisation, selon James Rosenau, renvoie plutôt « à la nouvelle réalité qui est en train d'amener l'humanité au-delà des préoccupations territoriales et des arrangements traditionnels du système interétatique » (Rosenau, 1993,

p. 499). John W. Burton (1972) la présente quant à lui comme formant une sorte de toile d'araignée (*cobweb*) où chaque acteur est uni à tous les autres par un enchevêtrement d'interactions de natures très diverses. La mondialisation est un état de fait, disent pour leur part Robert O. Keohane et Joseph S. Nye (2000, p. 105), qui implique des réseaux d'interdépendances sur des distances transcontinentales.

La mondialisation peut être découpée en trois phases distinctes. La première va de 1500 à 1850. C'est au cours de cette période que les pays européens conçoivent la technologie nécessaire pour étendre leurs empires et mettre ainsi en œuvre des stratégies globales d'expansion. La deuxième phase va de 1850 à 1945. Pendant cette période, les puissances européennes favorisent un accroissement des flux et le prolongement des réseaux transnationaux. Au cours de cette phase, les puissances européennes s'emploient à développer leur capacité industrielle et militaire. Par l'entremise de leurs empires, les valeurs et les produits européens se diffusent partout dans le monde. L'essor de la mondialisation sera cependant freiné, voire stoppé, avec le retour du protectionnisme avant la Première Guerre mondiale.

La phase actuelle de la mondialisation (depuis 1945) peut être considérée comme un phénomène historique distinct de la période précédente (1850-1945). Les transformations politiques qui ont suivi la Seconde Guerre mondiale sont suffisamment importantes pour que l'on désigne cette période par l'expression « mondialisation contemporaine ». En effet, au chapitre de l'extensivité de l'interdépendance globale, la période actuelle surpasse dans tous les domaines la période précédente, tant sur le plan quantitatif que sur le plan qualitatif (Held et coll., 1999, p. 425). Quantitativement, car la mondialisation contemporaine n'est pas simplement un phénomène économique limité à l'Europe et à ses empires, mais bien un phénomène global qui se répercute dans tous les domaines sociaux, que ce soit la politique, l'économie, le droit, la gouvernance mondiale, les affaires militaires ou culturelles, etc. Qualitativement, car se mettent en place un nombre sans précédent d'institutions internationales qui régulent les rapports transnationaux. Le phénomène de la mondialisation est porté par l'extraordinaire développement des technologies de communication et des moyens de transport. Bref, l'extensivité de la mondialisation est un phénomène contemporain.

La mondialisation contemporaine est également un phénomène distinct en ce qui concerne l'intensité des échanges mondiaux. En effet, celle-ci s'accroît en termes d'échanges globaux par rapport à la production mondiale et, pour plusieurs pays, en termes de pourcentage des exportations par rapport au produit national brut (PNB). Pour de nombreux pays, la croissance est aujourd'hui liée aux exportations (Held et coll., 1999, p. 428). L'ampleur des investissements directs étrangers est, dans certains cas, moins importante que ce qu'elle représentait au siècle passé, mais l'extensivité des réseaux d'investissements et les sommes transigées sont nettement supérieures.

En définitive, le concept de mondialisation contemporaine sert aujourd'hui à décrire l'état du monde qui est marqué par la libéralisation des échanges économiques et financiers qu'accélèrent le développement de nouvelles technologies de l'information et le perfectionnement des moyens de transport. C'est cet état de fait qui favorise « l'interdépendance croissante de l'ensemble des pays du monde, provoquée par l'augmentation du volume et de la variété des transactions transfrontalières de biens et de services, ainsi que des flux internationaux de capitaux, en même temps que la diffusion accélérée et généralisée de la technologie » (Fonds monétaire international, 1997, p. 50). La mondialisation, qui est cependant beaucoup plus qu'un phénomène économique et technologique, favorise le développement de réseaux économiques, sociaux ou culturels entre les sociétés, ce qui fait en sorte qu'un événement qui se produit dans un coin du monde a de plus en plus de répercussions sur ce qui se passe ailleurs sur la planète (Castells, 1998). La mondialisation implique donc une compression du temps et de l'espace (Harvey, 1989 ; Giddens 1990). La notion de distance est moins importante qu'auparavant, mais reste toutefois pertinente (Keohane et Nye, 2000).

La mondialisation a pour effet de provoquer le désenclavement de l'État-nation en favorisant la poussée du localisme ou de la décentralisation de l'activité économique et sociale. La mondialisation provoque également une hausse des coûts et une baisse des revenus pour l'État, ce qui oblige celui-ci à remettre en question le modèle fordiste de développement. Les vulnérabilités auxquelles l'État-nation doit faire face le poussent à favoriser la création ou l'approfondissement d'espaces régionaux et de régimes internationaux afin de juguler les problèmes qu'il n'arrive plus à régler seul, et ce, pour rendre la scène internationale plus prévisible. La mondialisation provoque donc le renforcement des interdépendances et des solidarités en plus de favoriser la diffusion de normes communes.

La mondialisation et l'État providence

Les effets de la mondialisation sont nombreux, mais, au bout du compte, c'est la souveraineté de l'État, c'est-à-dire sa capacité d'agir, de gouverner et de contrôler ce qui se passe sur son territoire, qui se trouve limitée par la mondialisation (Gosselin et Mace, 1996, p. 48). Susan Strange, une politologue spécialisée en économie politique internationale, soutient que, depuis la Seconde Guerre mondiale, les forces impersonnelles du marché ont gagné en pouvoir aux dépens de l'État qui est réputé détenir l'autorité ultime sur la société et l'économie (Strange, 1996, p. 4). Clamer le déclin de l'autorité ou de la souveraineté de l'État a de quoi rendre perplexe, car l'État n'a jamais été aussi puissant ni n'a jamais été aussi présent dans nos vies. De plus, avec le développement des nouvelles technologies, l'État dispose à présent de moyens hyperefficaces de contrôle (Hobsbawm, 2000).

Selon une étude du FMI (cité dans *The Economist*, 1997), le pourcentage des dépenses publiques, calculé par rapport au produit intérieur brut (PIB), est en constante croissance dans la plupart des pays de l'étude. Comme on le voit dans le Tableau I, entre 1937 et 1996, ces dépenses augmentent nettement, mis à part une légère baisse, entre 1980 et 1996, de 1,1 % dans le cas de la Grande-Bretagne, résultat de la politique stricte appliquée par le gouvernement conservateur de Margaret Thatcher et de son successeur. Dans l'ensemble, la tendance est à la hausse, avec un pourcentage moyen, pour ces pays, de 47,1 % du PIB en 1996, une hausse de 3,8 % par rapport à ce qu'il était en 1980 (soit 43,3 %). De là à conclure que l'État est plus actif que jamais, le pas est facile.

TABLEAU I

**Dépenses des gouvernements
en % du produit intérieur brut de 1870 à 1996**

	1870	1913	1920	1937	1960	1980	1990	1996
Autriche	n. d.	n. d.	14,7	15,2	35,7	48,1	48,6	51,7
Belgique	n. d.	n. d.	n. d.	21,8	30,3	58,6	54,8	54,3
Canada	n. d.	n. d.	13,3	18,6	28,6	38,8	46,0	44,7
France	12,6	17,0	27,6	29,0	34,6	46,1	49,8	54,5
Allemagne	10,0	14,8	25,0	42,4	32,4	47,9	45,1	49,0
Italie	11,9	11,1	22,5	24,5	30,1	41,9	53,2	52,9
Japon	8,8	8,3	14,8	25,4	17,5	32,0	31,7	36,2
Pays-Bas	9,1	9,0	13,5	19,0	33,7	55,2	54,0	49,9
Norvège	3,7	8,3	13,7	n. d.	29,9	37,5	53,8	45,5
Espagne	n. d.	8,3	9,3	18,4	18,8	32,2	42,0	43,3
Suède	5,7	6,3	8,1	10,4	31,0	60,1	59,1	64,7
Suisse	n. d.	2,7	4,6	6,1	17,2	32,8	33,5	37,6
Grande-Bretagne	9,4	12,7	26,2	30,0	32,2	43,0	39,9	41,9
États-Unis	3,9	1,8	7,0	8,6	27,0	31,8	33,3	33,3
Moyenne	**8,3**	**9,1**	**15,4**	**18,3***	**28,5**	**43,3**	**46,1**	**47,1**
Australie	n. d.	n. d.	n. d.	n. d.	21,2	31,6	34,7	36,6
Irlande	n. d.	n. d.	n. d.	n. d.	28,0	48,9	41,2	37,6
Nouvelle-Zélande	n. d.	n. d.	n. d.	n. d.	26,9	38,1	41,3	47,1
Moyenne	n. d.	n. d.	n. d.	n. d.	**25,4**	**39,5**	**39,1**	**40,4**
Moyenne totale	**8,3**	**9,1**	**15,4**	**20,7**	**27,9**	**42,6**	**44,8**	**45,9**

*Moyenne sans l'Allemagne, le Japon et l'Espagne, en guerre ou en préparatifs de guerre à l'époque.

n. d. : donnée non déterminée.
Source : FMI, tiré de *The Economist*, 20 septembre 1997, p. 8.

Or ces chiffres sont loin de traduire la réalité. Certes, les dépenses des gouvernements ont crû durant la période examinée, mais non pas parce que l'État intervient davantage ; c'est plutôt le coût de ses interventions qui augmente. D'abord, il faut dire que, depuis les années 1960, la dette publique pour l'ensemble des pays du Tableau est en hausse rapide. De plus, les coûts des services gouvernementaux, par exemple dans les secteurs de la santé, de l'éducation et de la défense, sont de plus en plus élevés. Finalement, la cause première de la hausse des dépenses des États réside dans les paiements de transfert. Cette catégorie englobe les mesures de soutien du revenu, les services pour les sans-emploi ou pour les personnes dans le besoin, telles les familles monoparentales, mais également, et de façon plus importante, les pensions de vieillesse. En Grande-Bretagne, par exemple, les dépenses dans les paiements de transfert sont passées de 10 % en 1937 à 14 % en 1960 et jusqu'à près de 25 % en 1996. Dans certains pays comme la France, la Belgique, la Suède ou les Pays-Bas, ces dépenses sont encore plus élevées.

FIGURE I

Affectation des dépenses des gouvernements*
en % du produit intérieur brut de 1960 à 1990

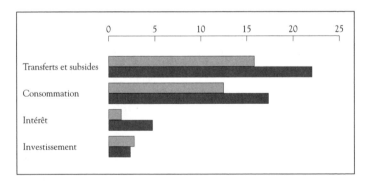

*Même pays que ceux du Tableau I.

Source : FMI, tiré de The Economist, 20 septembre 1997, p. 8.

L'augmentation des coûts fait en sorte que les actions des gouvernements se caractérisent par des compressions budgétaires, une diminution de la taille de l'administration publique, une meilleure gestion et une économie de moyens. Maintenant que la crise de la dette semble maîtrisée dans plusieurs pays, l'État ne réinvestit pas massivement les surplus; il cherche plutôt à réduire la dette, les impôts et les taxes afin d'augmenter le pouvoir d'achat des citoyens. Il n'y a pas si longtemps, l'intervention du gouvernement avait un tout autre but, soit augmenter le bien-être des citoyens, et, dans cette optique, il usait de son autorité pour imposer une approche plus humaine aux entreprises du secteur privé. Le fond du problème ne réside pas dans l'intervention de l'État comme tel, mais dans sa capacité à intervenir. Le déclin du pouvoir de l'État tient ainsi à son incapacité grandissante à remplir ses fonctions de base.

La mondialisation de l'activité économique menace la souveraineté de l'État à travers la formation de marchés internationaux de capitaux et de marchés financiers qui agissent souvent hors du champ de souveraineté de l'État. Ce phénomène est accentué par le développement technologique et le progrès des télécommunications. Les États n'arrivent plus à contrôler leur politique fiscale, et les banques centrales ont de plus en plus de mal à fixer les taux d'intérêt ou le taux de change.

Corriger les imperfections du marché qui produit des cycles de croissance et de récession était une des responsabilités de l'État national. À partir des années 1970, mais surtout après le choc pétrolier de 1973, la marge de manœuvre des gouvernements est fortement réduite. La fameuse stagflation (la stagnation de l'économie s'accompagne d'une inflation, ce qui contredit la théorie de la courbe de Phillips) pousse les gouvernements à abandonner leur politique de relance contracyclique à la keynésienne pour adopter la méthode monétariste. Ce changement de politique économique crée une récession mondiale en 1982, la pire depuis 1929.

Une des fonctions qu'assume l'État est d'assurer la stabilité de la monnaie nationale, car l'économie de marché ne peut fonctionner correctement sans un médium stable pour les échanges. Le marché ne peut pas produire de la croissance si les épargnes ne sont pas protégées de la dépréciation. Même si garantir la stabilité de la monnaie est une responsabilité des autorités nationales, l'expérience récente montre que cette responsabilité est aussi internationale. La création de l'euro en est un exemple éloquent.

La capacité d'un État à taxer les entreprises est aussi un problème épineux. L'État n'a plus l'exclusivité en matière de taxation, les associations criminelles comme la mafia sicilienne ou les triades chinoises le concurrencent dans ce domaine. De plus, l'internationalisation de l'économie et de la production associée à l'implantation d'entreprises dans plusieurs pays, y compris les paradis fiscaux, rend inaccessible beaucoup d'argent pour les États. Cela implique, de surcroît, que les gouvernements ne peuvent plus jouer avec les taux d'imposition, car ils risquent d'indisposer les entreprises et de les faire fuir. Par ailleurs, le ras-le-bol général de la population fait en sorte qu'il est difficile de taxer les citoyens davantage (Strange, 1996, p. 77).

Les stratégies de développement, autrefois chasse gardée de l'État, sont grandement touchées par le libre-échange. En effet, l'État avait le pouvoir d'appliquer des politiques de contingentement, d'imposer des quotas ou des tarifs douaniers pour protéger l'économie nationale. Or, aujourd'hui, ce pouvoir de l'État est dangereusement limité. Selon Susan Strange, ce sont les corporations transnationales qui, selon leurs stratégies commerciales, décident de ce qui va entrer dans un pays ou en sortir. Le gouvernement américain a tenté de bloquer les importations en provenance du Japon, mais avec peu de succès. Ce demi-échec est moins dû à la résistance du gouvernement japonais qu'au fait que les gouvernements n'exercent que peu d'influence sur les décisions corporatives. Les méthodes traditionnelles n'ont d'effet que sur les marges (Strange, 1996, p. 77-78). On note actuellement une augmentation importante du nombre de cas de *dumping* et de barrières non tarifaires (principe de précaution). Peut-on penser qu'il s'agit de nouvelles stratégies étatiques destinées à protéger le marché national ?

La compétitivité dans l'économie mondiale exige un cadre national productif. Cela est un autre aspect de la mondialisation qui compromet les pouvoirs du gouvernement. Les changements structurels amenés par l'économie mondiale rendent difficile, voire impossible, la protection de champions nationaux. Ce n'est pas que des règles aient été établies par des organisations internationales, c'est que les forces du marché ont rendu très coûteux ce type d'opération (Reich, 1993).

Les gouvernements de gauche comme de droite ont expérimenté des solutions pratiques pour résoudre le problème de la mobilité croissante des capitaux ; ils ont fait preuve d'imagination face aux difficultés de manœuvrer dans une économie ouverte où les bénéfices des dépenses de l'État sont exportés à l'étranger ; ils se sont heurtés à l'insoluble problème du chômage ou à la mauvaise qualité des nouveaux emplois. En définitive, c'est bien la capacité régulatrice ou la souveraineté de l'État qui se trouve réduite.

Tout cela implique une augmentation des coûts et une baisse des revenus de l'État. La mondialisation entraîne ainsi une diminution des dépenses de l'État providence (Rodrik, 1998). À cet égard, Kapstein note : « Alors que les travailleurs ont le plus besoin de l'État-nation comme rempart contre l'économie mondiale, il les abandonne. » (Kapstein, 1996, p. 16 ; traduction libre) Alors que le coût social de l'État providence augmente, ce dernier reçoit de moins en moins d'appui politique. Est-ce que l'accroissement des pouvoirs publics a atteint ses limites ? Est-ce que les gouvernements peuvent encore augmenter leurs dépenses en taxant davantage pour le domaine de la protection sociale ? Les nouveaux slogans à la mode sont : « Faisons mieux avec moins » et « mieux d'État », formules euphémiques pour dire « sans l'aide de l'État », un changement de perspective très significatif.

L'État providence est le fruit de demandes, dans les années 1930 et 1940, venant principalement des partis de gauche et visant la reconnaissance des droits sociaux et économiques des citoyens. Le but de telles politiques était de récompenser les citoyens pour leur effort de guerre et d'éviter le retour à la misère des années de crise. Les gouvernements de centre et de droite ont par la suite maintenu et même augmenté les dépenses dans ce régime régulateur. Une conséquence importante de ces investissements publics est la solidification des liens nationaux grâce à la construction du concept de « citoyen universel » (Jenson, 1995a). Les droits des citoyens englobent désormais des dimensions économiques et sociales. En garantissant les droits civiques, politiques et économiques des citoyens, l'État providence donne à chacun le sentiment d'être un membre à part entière de la société. Des programmes nationaux sont lancés, qui écartent les expériences subnationales, locales ou privées. Les fondements traditionnels de la citoyenneté, soit les droits civiques et politiques, sont étendus de façon à incorporer des programmes sociaux nationaux présentés par les politiciens comme étant sinon un droit pour chaque citoyen, du moins le fruit d'une solidarité sociale. Parallèlement à leurs vertus stabilisatrices sur le plan économique, ces programmes contribuent à l'émergence et au maintien d'une représentation nationale de la citoyenneté.

Ces programmes désignent les citoyens en déterminant quels sont ceux qui ont droit aux soins de santé gratuits, à l'assurance-chômage, à l'éducation, aux allocations familiales, etc., et ceux qui sont admis à participer à la vie politique. En définitive, des programmes nationaux ont commencé à prendre forme alors que l'accès aux programmes sociaux devenait partie intégrante de la citoyenneté, en remplacement des programmes locaux (municipaux) ou transnationaux (Église catholique). Avec les institutions culturelles représentant la nation, ces institutions sociales et économiques des années d'après-guerre deviennent le symbole central de l'intégration ainsi qu'un mécanisme qui en assure la reproduction (Jenson, 1995a).

Ce sont ces institutions économiques et sociales que la mondialisation a remises en question. Il s'en suit une redéfinition et une restructuration de ces institutions. Par exemple, au Canada, la nouvelle responsabilité du gouvernement n'est plus de stimuler et de maintenir la solidarité sociale, mais de donner aux travailleurs canadiens les moyens d'être plus compétitifs dans le nouvel environnement mondial. Au Canada, on ne parle plus d'assurance-chômage mais d'«assurance-emploi». Depuis la révolution conservatrice, l'écart entre les revenus, qui était en constante diminution depuis la Seconde Guerre mondiale, recommence à augmenter.

En somme, l'État cherche aujourd'hui à éviter les mesures de type universel qui étaient le signe distinctif d'une bonne partie des programmes d'après-guerre. Ces programmes constituaient un droit du citoyen et ne servaient pas simplement à apporter une aide ponctuelle. Le discours qui insistait sur les principes d'égalité est remplacé par un discours sur la compétitivité qui fournit une logique directrice aux interventions de l'État. Cette logique est modelée sur les lois du marché et en fonction de ses propres besoins. On conteste de plus en plus les coûts salariaux et sociaux des mesures pour l'emploi. On veut que les dépenses sociales soient justifiables du point de vue économique. En éducation, on vise moins à donner une formation générale qu'à préparer les jeunes pour le marché du travail. Bref, un important changement de philosophie s'opère, même lorsque le financement ou l'accessibilité des programmes sociaux sont peu ou ne sont pas touchés (Jenson, 1995a).

Voici ce que Robert J. Collins et Daniel Salée disent au sujet de l'État canadien :

> Ce qu'il est important de bien saisir dans l'évolution des politiques économiques canadiennes depuis la Seconde Guerre mondiale, c'est que de tout temps, l'État canadien est partie prenante dans le processus de gestion économique. Cela est évident dans ses interventions ponctuelles

de stabilisation économique et de mise en place de l'État providence au cours des années cinquante et soixante. Ce ne l'est pas moins à partir des années soixante-dix, même si le discours dominant réclame de plus en plus le retrait dans le champ de l'économie. Ce qui change après 1970, c'est la manière dont l'État intervient. Les impératifs d'austérité qui caractérisent dès lors la gestion de l'économie canadienne forcent « non pas le désengagement de l'État, mais la valorisation de son rôle directif et coercitif ». (Collins et Salée, 1998, p. 59)

Les conflits identitaires, de plus en plus difficiles à régler, se multiplient, car les forces du marché poussent vers la fragmentation sociale et non vers l'intégration. La solidarité et les politiques sociales préconisées par l'État central sont sujettes à contestation. On assiste à l'apparition de nationalismes dits économiques, comme chez les Flamands, les Padaniens de l'Italie du Nord ou les Catalans qui ne veulent plus payer pour les régions pauvres. En Écosse, beaucoup optent pour l'indépendance afin de conserver pour eux les bénéfices des revenus du pétrole.

Au Canada, on a décentralisé la charge fiscale de manière à faire payer une partie de l'énorme déficit par les provinces. Celles-ci ont fait front commun contre le gouvernement central et ont marqué des points dans l'opinion publique, car la santé et l'éducation sont des charges de compétence provinciale. Malgré tout, l'État canadien continue d'imposer des normes nationales et élabore des stratégies d'intimidation contre les provinces, le Québec en particulier. Comme l'affirment Guy Lachapelle et Luc Bernier : « La question centrale qui se pose de manière très claire au Canada, surtout depuis le [...] début des années 1980, est de savoir si un gouvernement, qui décide de continuer à édicter des normes nationales mais qui refuse de faire face à ses obligations financières, peut encore légitimement et politiquement exiger des provinces certains comportements fiscaux et politiques. » (Lachapelle et Bernier, 1998, p. 80) Depuis peu, la situation fiscale du gouvernement du Canada est meilleure, alors que celle des provinces se détériore. Les provinces canadiennes se plaignent du fait que les surplus budgétaires soient à Ottawa, alors que les dépenses en éducation et en santé incombent aux provinces. Au Québec, la commission Séguin a été mise sur pied par le gouvernement de Bernard Landry pour étudier la question de l'« étranglement fiscal » des provinces par Ottawa.

Par suite des transformations de l'État providence et des politiques de citoyenneté universelle, faire partie d'un ensemble plus vaste que leur ensemble culturel n'offre plus les mêmes avantages matériels et symboliques aux citoyens. Par ailleurs, au Canada, les Québécois ont institué un régime de citoyenneté qui, sur plusieurs points, s'oppose au régime de citoyenneté canadien (Jenson, 1998). Un des effets de cette situation est que les Québécois se sentent de moins en moins « Canadiens » et de plus en plus « Québécois ». Au Québec, comme en Catalogne ou en Écosse, l'identification première des citoyens change progressivement en faveur d'identités subétatiques (voir Annexe).

L'internationalisation de la scène internationale

Les États ne sont toutefois pas dépourvus de ressources face à la mondialisation et à la multiplication des réseaux transnationaux. Pour faire face aux vulnérabilités auxquelles ils sont soumis, les États favorisent la création ou le prolongement de blocs régionaux (ALÉNA, Union européenne, etc.) et d'institutions internationales (FMI, OMC, etc.) en vue de régler les problèmes qu'ils n'arrivent plus à gérer seuls. L'internationalisation se produit lorsque « des acteurs étatiques créent des normes, des règles et, de façon obligatoire, des arrangements juridiques qui constituent des contraintes à l'action des États participants » (Gosselin et Mace, 1996, p. 57). L'internationalisation de la scène internationale est ainsi une menace pour la souveraineté des États. Elle entraîne le renforcement des interdépendances et des solidarités, en plus de favoriser la diffusion de normes communes. L'internationalisation fait en sorte que la scène internationale contemporaine est unique en termes d'institutions et d'organisations qui régulent la scène internationale afin de rendre le monde plus prévisible (Keohane et Nye, 2000). On assiste à l'établissement d'institutions, formelles ou informelles, à la mise en place de gouvernances globales, qu'elles soient subnationales, continentales ou mondiales (Rosenau, 1998).

De nos jours, la politique mondiale ne concerne plus seulement les questions de géopolitique ou de sécurité, elle englobe également de nombreuses activités d'ordre économique, social ou environnemental. La pollution planétaire, les cartels de la drogue, les droits de la personne, le terrorisme international du type World Trade Center à New York sont des problèmes transnationaux en ce sens que leur résolution nécessite la collaboration d'une multitude d'acteurs.

Le concept de « gouvernance globale » permet de mieux rendre compte de la nouvelle scène internationale (Held et coll., 1999, p. 50-51). La gouvernance globale se définit comme un ensemble de régulations qui n'émanent pas toujours d'une autorité officielle et qui sont produites par la prolifération de réseaux dans un monde de plus en plus interdépendant (Rosenau et Czempiel, 1992). Ce concept implique un minimum d'ordre et de collaboration, ce qui le met en porte à faux avec le concept d'anarchie. Le résultat des interactions des acteurs n'est pas encadré par un ensemble de règles préexistantes, il se fait plutôt de façon conjointe par un jeu constant d'interactions, de conflits, de négociations et de compromis.

La gouvernance globale ne fait pas seulement appel aux institutions et aux organisations formelles qui établissent (ou n'établissent pas) les règles et les normes de gouvernance pour l'ordre mondial, comme les institutions étatiques, les organismes intergouvernementaux ou quasi supranationaux telle l'Union européenne. La gouvernance globale fait également intervenir les acteurs transnationaux, qu'il s'agisse des organisations ou des groupes de pression transnationaux comme les ONG, les mouvements sociaux transnationaux, etc., qui poursuivent des buts et des objectifs qui débordent le cadre de la souveraineté nationale (Held et coll., 1999, p. 50-51).

L'institutionnalisation de la société internationale n'est évidemment pas un phénomène nouveau. Depuis l'accord international sur la poste, en 1874, se sont mises en place un nombre croissant d'institutions de gouvernance à l'échelle internationale. Cependant, ce qui est nouveau depuis 1945, c'est l'expansion extraordinaire que ces institutions ont prise. Avec l'intensification des échanges internationaux, de l'investissement direct étranger, du tourisme, des échanges culturels, du problème de pollution mondiale, on note l'émergence d'un besoin de coopération de plus en plus fort pour assurer la régulation de la scène internationale et éviter le désordre et le chaos. La dynamique est alors la suivante : la mondialisation rend inévitable la création d'institutions internationales de régulation qui, en retour, deviennent des vecteurs de la mondialisation. Comme le souligne Robert O. Keohane (1999, p. 39), c'est la perspective de gains collectifs qui explique l'augmentation considérable du nombre d'institutions multilatérales de coopération et leur portée grandissante.

Le déploiement d'institutions internationales aura une incidence non négligeable sur les processus de décision sur la scène internationale. Des politiques multilatérales d'un nouveau genre se sont établies. Elles font intervenir des gouvernements, des ONG et une très grande variété de mouvements sociaux transnationaux. En 1909, il existait 37 organisations intergouvernementales et 176 organisations non gouvernementales, alors qu'en 1996 on recensait environ 260 organisations intergouvernementales et 5472 organisations non gouvernementales. Pour la période de 1946 à 1975, le nombre de traités internationaux est passé de 6351 à 14 061, et le nombre de traités concernant les organisations intergouvernementales de 623 à 2303 (Held et coll., 1999, p. 53).

L'internationalisation de la scène internationale, c'est-à-dire l'application de règles et de principes internationaux aux divers domaines d'activité, prend des formes variées en fonction de ces derniers. L'internationalisation est particulièrement forte en ce qui concerne le commerce international, que ce soit dans le cadre de l'OMC, de l'ALÉNA ou de l'UE, mais est faible dans d'autres domaines d'activité, comme ceux qui touchent à l'immigration ou à l'environnement. En effet, les accords commerciaux sont très nombreux, que ce soit à l'échelle internationale (GATT, OMC) ou sur une base régionale élargie (ALÉNA, UE). Ces accords, soulignent Guy Gosselin et Gordon Mace (1996, p. 57) « permettront de voir l'amplification de l'internationalisation du domaine commercial par la mise en place de règles et de contraintes plus nombreuses, plus précises et plus efficaces ».

Même si la scène internationale ne correspond pas au rêve des idéalistes du début du XIXe siècle, on note qu'avec les diverses formes d'institutions internationales, telles que l'ALÉNA, l'UE, l'OTAN, le FMI, l'OMC, etc., et les multiples formes de gouvernances globales, la coopération est de plus en plus intense, ce qui facilite la régulation de la scène internationale afin d'éviter le désordre et le chaos.

Le localisme

Un autre effet de la mondialisation est le désenclavement de l'État-nation, car elle favorise la montée du localisme et la décentralisation de l'activité économique et sociale. Avec l'extension de la mondialisation, on assiste à un retour des acteurs subnationaux. Le mouvement qui vise à donner une plus grande place au développement des régions implique le renforcement et l'accroissement des pouvoirs des acteurs subnationaux (régionaux ou locaux) face au pouvoir de l'État territorial (Gosselin et Mace, 1996, p. 66).

Avant la Seconde Guerre mondiale, le régionalisme se confondait avec le traditionalisme, avec le conservatisme, bref avec l'idéologie réactionnaire, alors que le centralisme était associé à la démocratie et à la société libérale. Plus encore, vers la fin des années 1920, les mouvements nationalistes subnationaux avaient été maîtrisés en Europe de l'Ouest, soit par l'intégration ou, comme ce fut le cas en Espagne, par une violente répression (Keating, 1998, p. 34-35). À la suite de la Seconde Guerre mondiale, les États réagissent de façon différente face à la question du régionalisme et du nationalisme subnational. En Allemagne et en Italie, décentralisation rime avec démocratie et pluralisme, par opposition au centralisme qui rappelle le nazisme et le fascisme. Dans les plus vieilles démocraties, comme la France et la Grande-Bretagne, la modernisation signifie un retour à la centralisation ; le pouvoir des régions est alors en déclin. En Belgique, on accuse les Flamands d'avoir collaboré avec les nazis, ce qui entraîne une réaction centralisatrice de la part des francophones. Les deux régimes autoritaires restants, c'est-à-dire l'Espagne et le Portugal, pratiquent un centralisme rigide. Au cours de la période 1940-1950, on constate en Europe une « nationalisation » du comportement électoral, selon l'expression de Michael Keating.

Vers la fin des années 1950, la question régionale resurgit. En effet, le développement rapide de certaines régions entraîne des demandes ayant pour objet de favoriser le développement de régions qui n'ont pas eu cette chance. Dans un contexte où le plein-emploi est la norme et où l'on croit pouvoir corriger les disparités économiques par un rôle proactif de l'État, des politiques régionales seront adoptées en vue d'intégrer les régions périphériques dans l'économie nationale (Keating, 1998, p. 47). Ces politiques visent également à consolider le processus de construction de la nation en limitant le fractionnement national entre le centre et la ou les périphéries.

Dans les années 1960 émerge un nouveau régionalisme de gauche associé aux mouvements de revendications sociales, comme mai 1968 en France (Giblin, 1999, p. 15). Ces mouvements voient l'État centralisé comme une force oppressive et l'accusent d'entretenir des liens incestueux avec le grand capital. Au chapitre des nationalismes subnationaux, le mouvement anticolonial ou de décolonisation est très fort à ce moment-là. Au Québec, les premiers indépendantistes québécois, tel André D'Allemagne, souhaitent l'indépendance du Québec afin de se libérer de l'emprise du « colonialisme canadien-anglais ». Dans le Québec des années 1960 et 1970, on criait : « Le Québec aux Québécois ! », comme on scandait en Algérie : « L'Algérie aux Algériens ! » (D'Allemagne, 1966). Dans un même temps, les environnementalistes vantent les mérites des gouvernements locaux. On assiste à un mouvement de valorisation des cultures régionales, des dialectes et des accents locaux autrefois méprisés (Keating, 1998, p. 53-54). Les langues minoritaires en Espagne et au Royaume-Uni revivent. C'est également le cas un peu partout ailleurs. Ce phénomène concrétise un changement important d'attitude entre le centre et les périphéries. Dans les régions où il existe des identités nationales distinctes, les mouvements nationalistes sont réactivés. C'est en 1968 que le Parti Québécois est créé. C'est également à cette époque que les Flamands contestent les politiques linguistiques de l'État belge. Le mouvement nationaliste flamand s'élève contre la prépondérance des francophones, qui sont majoritaires au sein de l'État belge mais minoritaires dans le pays. La perception même du régionalisme change. Alors qu'avant les années 1960 le régionalisme était associé au conservatisme et à la défense du mode de vie rural, les nouveaux régionalistes identifient leur mouvement avec le changement, la démocratie et la modernisation.

Dans les années 1980, les politiques de développement régional sont grandement compromises par la crise générale de l'État-nation, qui a commencé au cours de la décennie précédente. Les néolibéraux qui succèdent aux keynésiens sont hostiles aux politiques de développement local. L'interdépendance économique, en transformant profondément l'État-nation, vient changer complètement la dynamique. En effet, l'État, qui était la source même du pouvoir, est obligé de battre en retraite en raison des effets de la mondialisation. La preuve est faite que l'État central est incapable d'assurer le bon fonctionnement de l'économie, ce qui entraîne la fin des stratégies keynésiennes pour relancer la croissance. Cela invite également les acteurs subnationaux à prendre le relais d'un État mal adapté à la mondialisation de l'économie et impuissant face au chômage et à l'exclusion. L'État central doit décentraliser ses activités et déléguer certains de ses pouvoirs souverains à des autorités régionales. Le marché devient de plus en plus puissant, tandis que l'autorité de l'État décline. Les forces du marché entravent la capacité régulatrice de l'État, et cela ouvre la voie à un retour en force des régions.

Plutôt que d'investir dans les régions, on met en œuvre des mesures de décentralisation dans tous les pays membres de l'OCDE. Les gouvernements régionaux et locaux obtiennent plus de pouvoirs. Les pressions les plus fortes se font sentir dans les régimes unitaires comme le Royaume-Uni, la France, l'Italie, l'Espagne et la Belgique. L'argument central est qu'il est plus logique et pertinent de demander que ce soit les échelons subnationaux qui s'occupent du développement régional, et ce, pour des motifs démocratiques et d'imputabilité. Dans les régions historiques comme la Catalogne ou le Pays basque, la demande pour une plus grande autonomie devient de plus en plus forte à partir des années 1970. En Espagne, les Basques et les Catalans ont joué un rôle clé contre Franco et souhaitent que la transition vers la démocratie soit associée à la régionalisation de l'Espagne.

Ce changement d'attitude s'accompagne d'une résurgence des acteurs subnationaux qui prennent le relais de l'État national. Conséquence logique de ce mouvement de décentralisation, les instances subnationales insistent auprès de l'État central pour obtenir des pouvoirs supplémentaires. Dans certains cas, elles ont adhéré avec beaucoup d'enthousiasme à ce mouvement de décentralisation, car il était perçu comme essentiel au développement économique et social du lieu (Jenson, 1995a). Cependant, dans d'autres cas, celui par exemple des provinces canadiennes pauvres, les gouvernements subnationaux veulent que le gouvernement central conserve et exerce ses responsabilités sociales en imposant des normes nationales, car seul ce dernier a la capacité de le faire. Le passage de politiques étatiques à des politiques plus clairement orientées vers le marché ainsi que l'effritement de l'enthousiasme pour l'intervention de l'État et la redistribution ont des conséquences sur la représentation populaire de la citoyenneté. Le fait « national » perd de son importance. Il est supplanté par l'attention soutenue qu'on accorde aux changements internationaux (la compétitivité) et par le développement d'entités subnationales, ce qui marque la fin des programmes universels (Jenson, 1995a).

La création de blocs régionaux comme l'Union européenne favorise la montée en puissance des régions. Il faut cependant faire remarquer que l'UE n'est pas perçue comme un atout par tous les acteurs subnationaux. En effet, au Pays basque, en Corse ou en Irlande du Nord, les organisations clandestines (ETA, FLNC Canal-Historique, IRA) ainsi que leurs vitrines légales (Euskal Herritarrok, a Cuncolta Naziunaliste, Sinn Féin) sont farouchement opposées à l'intégration européenne.

Selon Alain Dieckhoff, ces mouvements s'opposent à l'intégration européenne, car, en plus de favoriser la « colonisation économique étrangère », celle-ci « constitue un obstacle à une autodétermination politique pleine et entière » (Dieckhoff, 1997-1998, p. 137). Il faut cependant noter que les choses peuvent changer. En effet, les nationalistes corses, autrefois hostiles au projet européen, semblent changer d'avis, comme l'ont fait précédemment les nationalistes écossais. Ainsi, un nationaliste élu à l'Assemblée régionale corse a été récemment nommé aux Affaires européennes (Giblin, 1999, p. 3).

Le localisme est également un phénomène urbain. Les métropoles gagnent en importance. Les technologies de l'information ont permis la création de réseaux, plus précisément de réseaux de mégalopoles. En Amérique du Nord, le réseau commence sur la côte ouest américaine, de San Diego à Seattle, et se poursuit autour des Grands Lacs, de Chicago à Toronto. Le réseau se prolonge sur la côte est, de Montréal à Baltimore, en passant par Boston et New York. En Amérique du Sud, le réseau s'étend de Rio à Buenos Aires. Il continue en Europe, d'Édimbourg à Rome et de Paris à Bonn. Il se prolonge en Asie du Nord, de Séoul à Shanghai, et, au Japon, de Tokyo à Osaka. Il en résulte une extrême concentration d'infrastructures internationales dans quelques villes du monde. Les principaux ports maritimes se trouvent à Rotterdam et à New York. Les plus grands aéroports sont à Chicago et à Londres. Les centres de décisions politiques ou économiques sont situés à New York (siège de l'ONU), à Paris (OCDE), à Bruxelles (OTAN et UE), à Washington (Banque mondiale), à Genève (OMC) et à Montréal (Agence des transports internationaux). À elles seules, ces mégalopoles rassemblent 80 % des connaissances scientifiques mondiales, réalisent 85 % des échanges mondiaux, et effectuent 90 % des opérations financières mondiales. Les mégalopoles fonctionnent comme un anneau de richesses autour de la terre, les réseaux financiers étant actifs 24 heures sur 24.

En résumé, la mondialisation ne signifie pas la fin de l'État, mais elle l'oblige à se reconstruire et à repenser ses modes d'intervention et sa capacité d'action. L'État demeure l'autorité la plus importante sur son territoire, mais il doit s'adapter aux nouvelles contraintes imposées par la mondialisation de l'économie et de la finance, par l'internationalisation de la scène internationale et par le localisme. Ce phénomène est particulièrement évident dans l'Union européenne où la souveraineté étatique est divisée entre l'Union européenne, les États-nations, les régions et les villes. La création de nouveaux modes de communication et les progrès des transports sont à l'origine de nouvelles formes d'organisations économiques et sociales qui débordent les frontières nationales ou qui interviennent en dehors de la souveraineté étatique. La mondialisation est associée à la transformation de la relation entre l'État, le territoire et le principe de souveraineté. La mondialisation a donc des conséquences nombreuses et importantes, mais cet essai s'intéresse tout particulièrement aux effets de la mondialisation sur les mouvements nationalistes subnationaux.

La mondialisation et les mouvements nationalistes subnationaux

Les avantages de faire partie d'un État territorial lors de l'époque fordiste étaient considérables pour les membres de nations historiques comme le Québec et l'Écosse. Ils avaient accès à un vaste marché pour leurs produits, ils bénéficiaient de la protection de l'État territorial sur le plan économique mais également sur le plan militaire. On comprend l'importance que prenait ce modèle de développement économique et politique dans la définition de l'intérêt national et dans la construction de liens toujours plus forts entre les citoyens. De plus, les questions de sécurité militaire, c'est-à-dire la menace soviétique, vont favoriser le maintien en place des États-nations. Les coûts de sortie ou les obstacles vers l'indépendance sont nombreux, les avantages de l'intégration le sont également. L'équation entre nationalisme et autarcie est alors explicable par le fait que, pour assurer la survie de leur nation, les nationalistes croyaient qu'il fallait limiter les tentatives d'assimilation des politiciens centralisateurs. Au Québec, l'élite développe l'idéologie de survivance. C'est ce système que la mondialisation vient jeter par terre et dont elle empêche la reconstruction.

La mondialisation provoque un double mouvement : les avantages d'être dans un État multinational diminuent substantiellement alors que les obstacles qui rendent difficile ou impossible l'indépendance s'estompent progressivement. De plus, les processus de décentralisation mettent de nouvelles ressources à la disposition des acteurs subnationaux de sorte qu'ils peuvent prendre en charge de plus en plus de questions politiques. Plusieurs facteurs déterminent tout cela :

1. Le processus de construction européenne et, dans une moindre mesure, l'ALÉNA jouent le jeu des nationalistes subnationaux. Le développement d'une vaste zone de libre-échange diminue les coûts de l'indépendance en offrant de nombreux débouchés pour les produits locaux. L'utilité d'un cadre étatique multinational s'en trouve d'autant réduite. Selon l'hypothèse des mouvements nationalistes subnationaux québécois, catalans et écossais, l'adhésion à l'ALÉNA pour le Québec et à l'Union européenne pour la Catalogne et l'Écosse réduira considérablement les coûts de l'indépendance, si celle-ci devient nécessaire. Même si la scène internationale ne correspond pas au rêve des idéalistes du début du XIXe siècle, il reste que, avec les diverses formes d'institutions internationales, comme l'ALÉNA, l'Union européenne, l'OTAN, le FMI, l'OMC, etc., et les multiples formes de gouvernances globales, la coopération est de plus en plus intense. L'institutionnalisation de la scène internationale rend en outre moins risquée ou plus simple l'indépendance. En effet, en facilitant l'établissement de principes et de règles régissant un domaine d'activité, l'institutionnalisation et l'interdépen-

dance de la scène internationale enlèvent l'atout de la puissance aux États centraux.

2. Alors que la souveraineté des gouvernements centraux décline, les sociétés démocratiques sont de plus en plus disloquées et fragmentées politiquement, culturellement et linguistiquement. Les partis politiques autrefois dominants perdent de leur crédibilité et ne sont plus soutenus avec autant de force. Il n'y a plus de correspondance entre les partis subnationaux et les partis qui évoluent sur la scène nationale, sauf lorsque ces derniers mettent de l'avant des positions régionales comme le CIU en Espagne ou le Bloc Québécois au Canada. En Espagne comme au Canada et même en Grande-Bretagne, il est improbable qu'un parti obtienne des appuis dans toutes les régions du pays. Ce changement est particulièrement significatif, car, dans les années 1940 et 1950, il y avait, en Europe, peu de clivage national en ce qui concerne le comportement électoral (Keating, 1998).

3. La mondialisation entraîne une augmentation des coûts et une baisse des revenus de l'État. L'État-nation voit s'atomiser sa société civile à la suite des transformations de l'État providence qui avait contribué à la solidification des liens nationaux grâce à la construction du concept de citoyen « universel ». La fin de cette époque sonne le glas des avantages matériels que les citoyens retireraient de leur appartenance à un État central.

4. L'incapacité de l'État à maintenir un taux de chômage bas et à assurer la protection sociale a accéléré les mesures de décentralisation et de transmission de l'autorité en plus d'affaiblir la légitimité de l'État. Les métropoles et les régions ont désormais plus de responsabilités et disposent de plus gros budgets. S'y sont mises en

place des bureaucraties professionnelles compétentes qui seraient, selon toute vraisemblance, capables d'assumer des responsabilités de plus en plus grandes, comme celles d'un pays souverain, par exemple. Au début de l'an 2000, certaines régions d'Europe et du Canada éprouvent de plus en plus de difficulté à s'identifier à l'État « national ». Les politiciens nationaux avaient la tâche plus facile au cours de la Guerre froide. Seul l'État-nation était alors en mesure d'assurer la défense militaire des régions, ce qui favorisait l'unité nationale. Mais, en cette ère de transition, la sécurité économique l'emporte sur la menace militaire. La logique de la nouvelle économie mondialisée est d'ignorer les frontières de l'État-nation, ce qui ôte tout sens à la notion d'intérêt national. Les régions d'un même pays peuvent, par l'entremise de leur paradiplomatie, livrer une concurrence acharnée afin d'attirer des investissements étrangers chez elles. Le développement inégal des régions peut inciter les régions riches à demander une plus grande décentralisation afin de n'avoir plus à supporter le fardeau que représentent les régions pauvres. À cet égard, les cas de l'Italie du Nord ou de la Flandre sont de bons exemples. Aujourd'hui, au lieu de travailler en collaboration avec leur capitale nationale, les régions et les villes d'Europe et d'Amérique tissent des liens directement avec l'économie globale.

Une plus grande intégration européenne favorisera une participation accrue des régions d'Europe et des mouvements subnationaux sur la scène politique internationale. De plus, il existe une réelle convergence d'intérêts entre les nationalismes subnationaux et l'Union européenne. En effet, pour les mouvements nationalistes subnationaux, l'adoption d'une monnaie unique et l'application d'une politique étrangère et de sécurité commune constituent des atouts importants. Le passage à l'indépendance peut alors être envisagé plus simplement, c'est-à-dire sans violence ni effusion de sang. De plus, ces processus rassurent quant à la viabilité de l'indépendance. Les partis nationalistes catalans et écossais prônent l'autonomie de leur nation dans le cadre de l'Union européenne. Selon la logique des nationalismes subnationaux, il faut s'affranchir de la tutelle de l'État central au profit de Bruxelles qui est présumée moins hostile à leurs revendications.

5. En ce qui concerne les politiques extérieures des États-nations, un nombre grandissant de personnes considèrent que la protection du territoire n'est plus un problème et que d'autres questions sont plus importantes, comme les crimes transfrontaliers, le trafic de drogue ou l'immigration. Les autorités locales ou régionales ont l'impression qu'elles seraient plus efficaces que l'État national pour résoudre ces problèmes. De fortes pressions s'exercent sur l'État central pour qu'il leur délègue son pouvoir en matière de politique de sécurité.

6. Plusieurs auteurs avancent que les démocraties ne se font jamais la guerre[3]. La menace nucléaire est certainement un facteur qui favorise un tel état de fait, mais elle n'est pas le seul facteur. En effet, les régimes politiques libéraux et pluralistes auraient pour effet de modérer les positions extrêmes et amélioreraient la diffusion de l'information, ce qui peut éviter l'apparition de malentendus. De plus, le faible taux de natalité

---

3. Elles peuvent cependant être très violentes contre les régimes non démocratiques ; on n'a qu'à penser à Nagasaki.

fait en sorte que la vie humaine a davantage de valeur aux yeux des citoyens. Peu de parents seraient prêts à accepter le sacrifice de leur enfant unique. Il y a également un effet de mémoire qui intervient : on ne voudrait pas créer un autre Vietnam, et les politiciens craignent la sanction de l'opinion publique. Les mentalités ont certainement évolué sur ces questions. Comme le dit Pierre Hassner (1998), de nos jours, la compassion a plus de valeur que le sacrifice collectif pour la nation. Dans ces circonstances, il est peu probable que la sécession du Québec, de l'Écosse ou de la Catalogne provoque une guerre.

7. Les nouvelles technologies permettent même aux petits ensembles sociaux d'avoir une riche activité culturelle grâce à la baisse des coûts de la production télévisuelle et cinématographique, par exemple.

8. Les coûts de la transition vers l'indépendance sont de moins en moins élevés. Dans une étude importante publiée dans *The Quarterly Journal of Economics* de l'Université Harvard, Alberto Alesina et Enrico Spolaore (1997) ont montré que plus un pays est intégré dans l'économie internationale, moins il en coûte pour un groupe ou une région de faire sécession. Cette tendance semble être bien comprise par la population. Par exemple, au dernier référendum tenu au Québec, une majorité de francophones ne croyaient pas au discours fédéraliste concernant les coûts de l'indépendance. Kenneth McRoberts rapporte que, selon un sondage réalisé au Québec au cours de la dernière semaine de la campagne référendaire de 1995, la moitié des francophones interrogés croyaient que la souveraineté n'engendrerait pas de coûts économiques à court terme. De plus, 55 % des personnes interrogées estimaient qu'à

long terme la situation économique du Québec s'en trouverait améliorée, et la moitié d'entre elles étaient d'avis que l'amélioration serait significative (McRoberts, 1999, p. 302). Le changement de perspective est très important.

9. Finalement, on sait qu'aujourd'hui les régions, voire les petits pays sont des entités plus fonctionnelles sur le plan économique que l'État-nation (Ohmae, 1996). Dans les périodes précédentes, les petits marchés n'étaient pas viables économiquement sans une intégration dans un ensemble économique plus vaste. L'ouverture des marchés et la multiplication des traités de libre-échange assurent la viabilité économique des petits États qui réussiraient même mieux que les grands, car ils s'adaptent plus facilement aux changements de climat économique. En faisant en sorte que les petites nations dépendent moins de l'État-nation, la mondialisation de l'économie réduit les risques associés à la sécession.

CHAPITRE III

La revanche des petites nations

Les mouvements nationalistes subnationaux n'ont fait l'objet que de peu d'études comparées et systématiques. Hans Kohn, un des premiers théoriciens du nationalisme, soutenait que, si un mouvement ne revendique pas l'indépendance, il n'est pas réellement nationaliste (Kohn, 1944). C'est pourquoi il ne traite que marginalement dans ses livres des nationalismes subnationaux comme ceux qu'on trouve en Écosse, en Catalogne ou au Québec. D'autres auteurs, tel John Stuart Mill au XIXe siècle, voient dans les nationalismes subnationaux des obstacles au progrès. Mill écrit :

> Personne ne peut soutenir que le fait que, pour un Breton ou un Basque du pays basque français, de détenir la nationalité française et de jouir, au même titre que ses concitoyens, de tous les privilèges qui y sont rattachés soit moins avantageux que de bouder sur ses propres rochers, comme un vestige à demi sauvage des temps immémoriaux, en rotation sur son petit orbite personnel, et qui ne participe ni ne s'intéresse au mouvement général du monde. La même remarque s'applique au Gallois ou à l'Écossais des Highlands en tant que membre de la nation britannique. (Mill, cité dans Keating, 1997, p. 36)

Comme le fait remarquer Eric Hobsbawm (1990), jusqu'à la Première Guerre mondiale, les grandes puissances véhiculent l'idée d'un seuil minimal pour qu'un pays soit admissible à la communauté internationale. Ce seuil se rattachait principalement à des exigences économiques. En effet, à l'époque, on supposait qu'en deçà d'un certain seuil un pays n'était pas viable. D'ailleurs, le *Dictionnaire politique* de Garnier-Pagès considérait comme «dérisoire» l'existence de petits pays tels la Belgique ou le Portugal (Hermet, 1996a, p. 158).

Dans la même veine, Giuseppi Manzzini estime qu'une nation ne peut accéder au statut de pays souverain que si elle remplit un certain nombre de conditions, par exemple des ressources suffisantes, une superficie minimale, une population importante et une tradition historique (cité dans Hermet, 1996a, p. 158). Plus cynique, Victor Hugo écrit: «Dans la constitution actuelle de l'Europe chaque État a son esclave, chaque royaume traîne son boulet. La Turquie a la Grèce, la Russie a la Pologne, la Suède a la Norvège, la Sardaigne a le Piémont, l'Angleterre a l'Irlande, la France a la Corse. Ainsi, à côté de chaque nation dans l'état naturel, une nation hors de l'état naturel.» (Hugo, cité dans Hermet, 1996a, p. 159)

Au XXᵉ siècle, plusieurs, tel Seymour Martin Lipset (1985), perçoivent les nationalismes subnationaux comme des «révoltes contre la modernité». Pour Eric Hobsbawm (1990) et d'autres, les mouvements nationalistes subnationaux sont victimes de leur esprit de clocher et sont fondamentalement traditionalistes. La perception de Michael Keating est un peu différente:

> Certains de ceux qui les condamnent comme intrinsèquement réactionnaires étendent cet opprobre au nationalisme

sous toutes ses formes, inconscients du fait que leur propre chauvinisme métropolitain est en contradiction avec les valeurs universelles et avec une perspective cosmopolite. Les historiens et autres auteurs attardés aux traditions de l'État-nation éprouvent souvent de grandes difficultés à s'abstraire de leur conditionnement culturel. Consciemment ou non, les spécialistes des sciences humaines du XIXᵉ siècle ont largement contribué à légitimer les entreprises de l'État-nation. (Keating, 1997, p. 36)

On considère souvent que le nationalisme périphérique ou subnational est fondamentalement mauvais en ce qu'il est un obstacle à la modernité. Une telle affirmation est évidemment incomplète car le nationalisme est un objet sociologique complexe qui ne peut être réduit à ses manifestations les plus extrémistes (Dieckhoff, 2000, p. 15). Le nationalisme catalan, québécois ou écossais est de nos jours essentiellement démocratique, libéral et inclusif.

D'autres, comme les néofonctionnalistes et les théoriciens de la modernisation, présentent les mouvements nationalistes en tant que phénomène déclinant et non pas en tant que phénomène nouveau et important. La modernisation, pensaient-ils, imposerait une uniformisation linguistique et culturelle qui, à terme, ferait disparaître les mouvements périphériques (Haas, 1958 ; Deutsch, 1969). Cette hypothèse ne s'est pas confirmée. En réalité, la modernisation a fait en sorte d'« augmenter la conscience culturelle que les groupes ont d'euxmêmes en rendant leurs membres davantage conscients des différences qui existent entre eux et les autres » (Connor, cité dans Jaffrelot, 1991, p. 145).

Dans les années 1970, à la suite de la vague de décolonisation d'après-guerre, des auteurs vont suggérer l'idée de « colonialisme interne » pour expliquer le développement de nationalismes subnationaux (Hechter, 1975). Malgré sa force, cette thèse devra être révisée, car certaines périphéries, comme la Catalogne ou la Flandre, sont plus développées que leur « centre ». De plus, dans le cas du Québec, il est difficile de soutenir qu'il est une périphérie de l'Ontario (Hechter et Levi, 1979).

Plus récemment, des auteurs comme Jane Jenson (1995a, 1995b) et Michael Keating (1997) ont insisté sur le rôle de la mondialisation dans les transformations de l'État-nation et la montée des mouvements nationalistes subnationaux. Alain Dieckhoff (2000) soutient, pour sa part, que l'essor du nationalisme ne tient pas à un réveil du tribalisme primitif ; il s'agit plutôt d'une manifestation centrale de la modernité. Il faut cependant faire une mise en garde qui ne vise pas spécialement ces auteurs : la mondialisation ne crée pas les mouvements nationalistes subnationaux, ils existaient pour la plupart avant elle. La mondialisation n'explique pas non plus l'attrait qu'exerce l'indépendance, il existait avant elle. La mondialisation entraîne toutefois deux conséquences importantes : elle supprime plusieurs des avantages de l'intégration et réduit les coûts de la sécession. Les obstacles à l'indépendance sont de moins en moins nombreux. De plus, les petits pays sont des entités plus fonctionnelles dans un monde globalisé que les États-nations. Finalement, on peut affirmer que la mondialisation augmente le répertoire d'actions des mouvements nationalistes subnationaux.

Les nationalismes subnationaux sont des mouvements qui visent à assurer la reproduction de leur nation. Cet objectif les différencie des mouvements régionalistes qui cherchent plutôt à obtenir pour les régions le même traitement que le centre. Les nationalismes sub-nationaux revêtent diverses formes en relation avec les trajectoires historiques particulières. Ainsi, par exemple, si la différence entre catholiques et protestants en Irlande est un élément très important dans le conflit nationaliste, cette distinction est aujourd'hui superficielle au Québec et au Canada. De plus, le nationalisme persiste en Écosse et, dans une moindre mesure, au pays de Galles, en dépit du fait que ces deux nations ont adopté l'anglais comme langue commune. Il existe un nombre presque infini de différences entre deux nations, et seule l'analyse histo-rique permet de comprendre pourquoi certains facteurs de différenciation ont été choisis et comment ils devien-nent fondamentaux pour les nationalistes.

Le processus de construction politique des États-nations explique partiellement le cheminement des mouvements nationalistes subnationaux tels que ceux qui existent en Catalogne, en Écosse et au Québec. En caricaturant, on peut affirmer que les centres de pou-voir de ce qui allait devenir les États-nations (Espagne, Angleterre, Canada) ont mis en œuvre des stratégies pour éliminer les foyers de résistance (par exemple, le Québec dans l'ensemble canadien). Leur développe-ment et leur survie dépendaient en effet de leur capacité à dominer par la force réelle ou symbolique des concurrents périphériques sur le futur territoire national. Les stratégies pouvaient être négatives (interdiction de parler la langue de la nation, assassi-nat de leaders nationalistes, tentatives d'assimilation, etc.), ou positives (politiques de redistribution, poli-tique de discrimination positive, décentralisation des pouvoirs). Pour les membres de nations historiques comme le Québec, l'Écosse et la Catalogne, faire partie d'un État-nation était avantageux. L'accession à l'indépendance était quasi impossible sans le soutien d'une grande puissance et risquait d'entraîner de grands déchirements. C'est grâce à leur capacité d'organisation et de résistance et parfois à la faiblesse des centres que ces périphéries ont pu préserver ou réinventer leur nation. Cependant, les nations subnationales sont en position de faiblesse structurelle, car le principe de souveraineté nationale et la règle de non-ingérence à l'échelle internationale les cantonnent dans des stratégies défensives afin que soit préservée l'identité du groupe. C'est alors que l'équation entre nationalisme et autarcie est particulièrement évidente.

Comment les mouvements nationalistes subnationaux ont-ils réussi à préserver leur nation ? Comment ont-ils réussi à résister aux pressions assimilatrices du centre ? Dans certains cas, les périphéries (Galicie, Corse) étaient hors de portée du centre, dans d'autres, des institutions locales allaient favoriser le développement de la nation (Québec, Catalogne, Écosse), car, contrairement à une idée fortement répandue, le nationalisme peut naître en dehors d'un État porteur. Au Québec, par exemple, le clergé catholique a joué un rôle très important dans le développement du nationalisme québécois.

La menace extérieure la plus sérieuse pour les nations périphériques, mis à part un afflux d'immigrants venant du centre, est le développement de l'instruction publique dans la langue du centre. Les langues peu parlées à l'extérieur de la périphérie sont particulièrement vulnérables, comme ça a été le cas en Écosse et en Irlande. Les Catalans et les Flamands s'en sortiront mieux, même si l'assimilation de ces populations est appréciable. Au Québec, la situation est moins préoccupante, car le français est une langue internationale d'importance et a été vigoureusement défendu par l'élite locale.

Les tentatives d'assimilation ont souvent eu comme conséquence de secouer les périphéries qui, en réaction, ont mis en place ou renforcé des institutions entrant en concurrence avec celles du centre. Les institutions des périphéries peuvent jouer un rôle de premier plan. En Écosse et au Québec, par exemple, on pratique un type de droit très différent du droit pratiqué au centre. L'impact de cela est que les avocats du Québec ou d'Écosse ne sont pas en compétition avec les avocats du centre. Tout cela favorise l'épanouissement d'une bourgeoisie « nationale ». Les leaders nationalistes du Québec ont souvent une formation de juristes ; on n'a qu'à penser à Louis-Joseph Papineau. Il est vrai que la Catalogne, qui n'a pas la chance du Québec ou de l'Écosse, a quand même réussi à sauvegarder sa différence. Il faut dire que l'Espagne est un cas spécial, étant donné que le centre, la Castille, est moins développé économiquement que la Catalogne et le Pays basque.

Les périphéries peuvent aussi parfois bénéficier d'une certaine tolérance de la part du centre à l'égard de la différence régionale. Cette tolérance se manifeste dans les structures administratives, dans les lois, dans le système électoral du pays. C'est le cas en Grande-Bretagne, par opposition à la France jacobine. La taille de la population est également un facteur crucial dans le jeu des relations de pouvoir. En témoigne la situation des Québécois qui, devenus minoritaires au Canada vers le milieu du XIXe siècle, représentent aujourd'hui moins de 25 % de la population canadienne et qui voient leur pouvoir politique s'effriter depuis près de cent cinquante ans.

Comment expliquer le retour des nationalismes subnationaux dans les années 1960 ? Tout d'abord, les changements provoqués par l'industrialisation et par l'urbanisation au début du XXe siècle ont contribué à l'apparition d'une classe moyenne qui aspirait au pouvoir afin de représenter ses membres et de défendre leurs intérêts. Dans la foulée de la forte croissance économique d'après-guerre apparaît cette classe moyenne, qui ne cherchera plus simplement à reproduire la tradition et qui se sent frustrée, voire aliénée, à cause de la trop forte présence de l'élite du centre. Les élites locales sont longtemps exclues des postes importants dans la fonction publique, et ce, malgré leurs diplômes. Pour nous en convaincre, un exemple parmi tant d'autres : le revenu moyen des salariés masculins selon l'origine ethnique au Québec en 1961 (voir le Tableau II). Les salariés d'origine française occupent la douzième position. À cette époque, les anglophones unilingues obtenaient des revenus plus élevés que les anglophones bilingues !

Les leaders des mouvements nationalistes subnationaux vont alors mettre en avant ou intensifier un discours nationaliste différent du discours que tiennent ceux qui favorisent le centre. Ils ne le font pas simplement pour défendre leurs intérêts de classe, mais par amour sincère pour leur nation. Ils sont inquiets pour cette dernière, ils veulent qu'elle se développe et cherchent à mobiliser la population contre le centre hégémonique (Guibernau, 1999, p. 91). Il faut cependant admettre que l'aliénation est plus forte au Québec et en Catalogne qu'en Écosse.

TABLEAU II

**Revenu de travail moyen des salariés masculins
au Québec selon l'origine ethnique en 1961**

Origine ethnique	Revenu en dollars	Indice
Moyenne totale	3 469	*100,0*
Britannique	4 940	142,4
Scandinave	4 939	142,4
Hollandaise	4 891	140,9
Juive	4 851	139,8
Russe	4 828	139,1
Allemande	4 254	122,6
Polonaise	3 984	114,9
Asiatique	3 734	107,6
Ukrainienne	3 733	107,6
Autres (européenne)	3 547	102,4
Hongroise	3 537	101,9
Française	**3 185**	**91,8**
Italienne	2 938	84,6
Indienne	2 112	60,8

Source: Recensement du Canada, 1961, compilation spéciale, tiré de Marcel Rioux, *La Question du Québec*, Montréal, Typo, 1987, p. 137.

Les Catalans, les Québécois et les Écossais se trouvaient dans une situation structurelle qui avait comme dénominateur commun le fait qu'ils ne possédaient pas les ressources nécessaires pour résister à la domination du centre. Selon Montserrat Guibernau (1999, p. 26), quatre facteurs structurels influent sur les mouvements nationalistes subnationaux : 1) une forme de dépendance politique à l'endroit du centre ; 2) un accès limité au pouvoir et aux ressources ; 3) des pouvoirs financiers restreints ; 4) une capacité réduite en matière de politiques linguistiques et culturelles.

Insidieusement absorbés par la culture de l'« autre » ou du centre à cause de l'intégration de pratiques et d'idées qui sont étrangères ou extérieures au système de sens que forme la culture de leur nation, les nationalismes subnationaux doivent réagir, car il est très difficile de concurrencer « l'autre » dans sa culture. Les mouvements nationalistes subnationaux vont devoir transformer leur propre culture, entre autres par l'entremise de lois linguistiques, afin de la rendre plus compétitive et capable de lutter contre le phénomène d'acculturation. Pour rétablir l'égalité avec « l'autre », ils devront faire peau neuve et repenser leur identité nationale, leur nationalisme, les buts poursuivis au nom de la nation et les moyens de les atteindre. C'est ce qui s'est passé au Québec lors de la Révolution tranquille, en Écosse à la suite de l'élection de Margaret Thatcher et en Catalogne après la mort de Franco.

Les élites et la population concernée trouvaient leur compte dans les changements proposés : elles y gagnaient en liberté et en dignité. En effet, les mesures économiques préconisées visent à augmenter le nombre d'autochtones aux postes de décision et à encourager la solidarité sociale en fonction des besoins réels de la population. Un Québécois de Montréal ou un Catalan de Barcelone est probablement plus apte à déterminer ce qui est bon pour le Québec ou la Catalogne qu'un Canadien de Toronto ou un Castillan de Madrid. Les mesures en matière d'autonomie locale favorisent une gestion administrative plus saine en diminuant les opérations bureaucratiques. Des centres de décision plus proches de la population sont plus facilement capables de s'adapter à celle-ci. Par ailleurs, le racisme, l'impérialisme et le favoritisme ethnique sont susceptibles de disparaître si les élites autochtones sont parties prenantes dans le processus de décision.

Pour arriver à leurs fins, les nationalismes subnationaux prennent comme modèle les pratiques culturelles qui ont fait le succès du centre. Sous de nombreux aspects, la nouvelle culture est une imitation de la culture du centre. Les Québécois se sécularisent et se lancent dans le monde des affaires. L'État québécois encourage, par de nombreuses politiques gouvernementales, ces changements de mentalité. On envoie également des jeunes se former à l'étranger afin qu'ils rapportent de nouvelles pratiques culturelles qui vont renforcer la nation.

Les nationalismes subnationaux se nourrissent ainsi d'une double logique, rejet et refus de « l'autre », ou du moins de sa domination, que l'on cherche à surpasser en reprenant à son compte certaines de ses pratiques culturelles. De plus, on rejette les modèles culturels ancestraux qui sont perçus comme des obstacles à la modernité et au progrès de la nation. Comme le souligne Christophe Jaffrelot (1991, p. 168), les nationalistes optent pour un syncrétisme « stratégique » en modernisant la tradition selon les modes culturels de « l'autre ». Cette réinterprétation de l'histoire permet de réhabiliter la nation menacée et même de se procurer une nouvelle dose de légitimité par rapport à « l'autre ».

Les intellectuels sont non seulement les maîtres à penser de cette nouvelle stratégie, mais c'est aussi l'élite des professions intellectuelles (fonctionnaires, juristes, syndicalistes, journalistes…) qui en forme les plus fervents activistes. Ces derniers souscriront d'autant plus facilement à ce nouveau discours de l'élite intellectuelle qu'ils sont les premiers à en bénéficier. En effet, leur ascension sociale est bloquée par les membres de l'autre communauté. En résumé, les frustrations des intellectuels face à leur situation de dominés les pousseront à mobiliser la population en faisant valoir que la nation est plus menacée que jamais. Avec le temps et les changements provoqués par la mondialisation, les élites des mouvements subnationaux gagnent en confiance. Le nationalisme pessimiste cède la place à un nationalisme plus optimiste.

La mondialisation, en changeant les règles du jeu, vient renforcer la tendance. L'État-nation, durement touché par la mondialisation, doit réduire ses dépenses. En conséquence, le volume de ressources qu'il peut redistribuer pour assurer la cohésion diminue, ce qui crée une situation propice aux nationalistes. Selon Kenneth McRoberts : « L'autonomie du gouvernement du Québec se trouve […] augmentée du fait des problèmes financiers auxquels fait face le gouvernement fédéral et du déclin de sa capacité de contrôler les activités des provinces au moyen des paiements de transfert. À mesure que diminuent ces paiements, le gouvernement doit amoindrir les conditions qui s'y rattachent. » (McRoberts, 1999, p. 316) La réduction des dépenses sociales par les gouvernements centraux fait par ailleurs en sorte que les avantages de l'intégration s'amenuisent significativement.

La mondialisation donne l'occasion aux nationalismes subnationaux d'exprimer leur identité. Avec la mondialisation, et plus particulièrement avec les divers processus d'internationalisation, beaucoup d'obstacles à l'indépendance sont levés. Le protectionnisme est remplacé par le libre-échange. Une tendance émerge de tout cela : on est enclin à envisager les problèmes de restructuration économique dans une perspective locale plutôt que nationale, ce qui se traduit par une fracture sociale importante entre les différents segments de la nation. De plus, le libre-échange diminue les coûts de l'indépendance en offrant de nombreux débouchés pour les produits locaux, ce qui rend l'asphyxie économique improbable. L'utilité d'un cadre étatique multinational s'en trouve d'autant réduite. Les nationalistes québécois, catalan et écossais estiment que l'adhésion à l'ALÉNA pour le Québec et à l'Union européenne pour la Catalogne et l'Écosse est susceptible de diminuer considérablement les coûts d'une éventuelle indépendance.

De plus, le nombre croissant d'accords internationaux ou d'organisations en ce qui concerne le commerce (OMC) ou encore les questions relatives à la défense (OTAN), à l'énergie, aux ressources, etc., rend possible l'indépendance. Certains diront que les coûts liés à la défense pour un petit État sont si prohibitifs qu'ils rendent impossible la constitution d'une armée. En réalité, les faits démontrent que les petits pays dépensent moins en pourcentage du PNB que ne le font les grands pays. Les États-Unis et la France dépensent plus en pourcentage du PNB que le Danemark et le Portugal (Lind, 1994, p. 93). Les frontières étatiques ne sont plus essentielles pour assurer la protection du territoire. Les processus d'internationalisation assurent la viabilité de l'indépendance. La mondialisation fait en sorte que les avantages de l'intégration diminuent, tout comme les obstacles à l'indépendance. Les mouvements nationalistes subnationaux doivent tous réagir face à cette nouvelle situation créée par la mondialisation. La réponse des entrepreneurs identitaires variera en fonction de contraintes et d'une histoire propres à chaque cas. Ils ont cependant maintenant la capacité de négocier des mesures particulières avec l'« État national ». La mondialisation ne crée donc pas les mouvements nationalistes subnationaux, mais elle crée de nouvelles occasions pour que ces mouvements expriment leur identité.

Cette situation est particulièrement paradoxale. En effet, le nationalisme subnational se manifeste avec le plus de force au moment où les grandes différences socioculturelles se sont estompées. Le Québec illustre bien ce phénomène :

> L'accélération prodigieuse de la modernisation du Québec avec la « Révolution tranquille » a ouvert une ère de changement social profond qui a conduit progressivement à l'effacement des disparités de tous ordres entre anglophones et francophones. Tous les indicateurs montrent, en effet, une remarquable convergence entre les deux communautés. Alors que les francophones constituaient les gros bataillons de la classe ouvrière au début du XXe siècle, ils ont connu une remarquable ascension sociale en termes de revenus comme d'occupations professionnelles. Le taux d'urbanisation, les pratiques de consommation sont désormais quasiment identiques. Même constatation sur le plan des comportements : le Québec s'est aligné sur le reste du Canada avec la baisse drastique de la pratique religieuse et de la natalité et l'augmentation considérable des divorces. Quant aux attitudes sur la question des libertés publiques et de l'éthique, elles sont désormais similaires. Pourtant, c'est au moment précis où les francophones se rapprochaient des anglophones que les premiers créaient le Parti québécois, porté au pouvoir en 1976, qui tentera à deux reprises de faire du Québec un pays souverain. Des francophones qui se définissaient comme Canadiens à 34 % et comme Québécois à 21 % en 1970 mais étaient respectivement 9 % et 59 % vingt ans plus tard. (Dieckhoff, 2001)

La mondialisation peut provoquer un changement dans la nature du nationalisme. Les nationalismes québécois, catalan et écossais, autrefois protectionnistes et autarciques, sont aujourd'hui libre-échangistes et de projection. Depuis une vingtaine d'années, le nationalisme québécois, catalan et écossais s'est considérablement transformé sous les effets de la mondialisation. Plus encore, ces mouvements ne constatent pas passivement la mondialisation, ils en sont les promoteurs en soutenant le développement de blocs régionaux et la libéralisation des échanges. Il faut cependant éviter de généraliser. Comme nous l'avons vu, il existe encore des exceptions.

Les mouvements nationalistes vont également créer une diplomatie subnationale afin de défendre leurs intérêts économiques et sociaux et favoriser le développement et la reconnaissance de leur nation. Le processus d'intégration européenne a aussi une incidence notable sur la mise sur pied d'une paradiplomatie par les mouvements nationalistes subnationaux. Même si les mouvements régionalistes européens n'ont pas la même conception de l'Europe, il leur arrive de se liguer afin de faire valoir une revendication donnée. Le processus d'intégration européenne vient ainsi favoriser la création d'organisations nationalistes transnationales. Celles-ci sont présentées par Peter Lynch comme étant la résultante de deux conjonctures : une réponse à l'intégration européenne et un soutien des partis autonomistes pour « l'indépendance dans l'Europe ou une Europe des régions » (Lynch, 1996, p. 135). Les mouvements nationalistes subnationaux s'unissent en regroupements politiques à l'échelle européenne, ce qui leur permet d'acquérir un statut politique et d'obtenir des ressources financières. Ce type de regroupement était limité en Europe avant les années 1980, c'est-à-dire avant la European Free Alliance. Le Comité des régions, institué par le traité de Maastricht, favorise également l'établissement de liens transnationaux entre les mouvements nationalistes subnationaux.

Ces liens entre mouvements nationalistes subnationaux ne sont pas limités à l'Europe, comme en témoignent les bonnes relations entre le gouvernement de Lucien Bouchard au Québec et celui de Jordi Pujol en Catalogne. Lors du dernier voyage de Lucien Bouchard en Catalogne, Jordi Pujol a déclaré : « Le Québec est pour nous un exemple [...]. Si le Québec a plus de pouvoirs et de liberté, cela est bon pour la Catalogne qui a le même désir. » Il ajoutera : « Le Québec avait besoin de s'affirmer dans un océan anglo-saxon. Dans cet océan, le Québec a failli disparaître. Le mouvement nationaliste des trente dernières années a rendu le Québec plus moderne, plus ouvert et plus ambitieux. » (Pujol, cité dans Rioux, 1999) Les nationalistes des deux côtés de l'Atlantique auront profité de leur rencontre pour signer une déclaration conjointe affirmant la défense des identités culturelles dans le contexte de la mondialisation. Les deux leaders souhaitent que les « nations non souveraines » puissent participer à des forums internationaux sur la diversité culturelle. Le gouvernement du Québec a annoncé lors de cette rencontre l'ouverture de sa 35e représentation à l'étranger (Rioux, 1999).

Aujourd'hui, le Québec, l'Écosse et la Catalogne peuvent être considérés comme des sociétés globales, car, à l'intérieur d'un État territorial souverain, ces ensembles politiques forment des sociétés complètes, distinctes, qui possèdent une culture propre. Ces sociétés sont, dit Alain Dieckhoff (2000, p. 126), « civiles et civiques dans la mesure où elles comportent un espace social autonome où les individus poursuivent leurs intérêts privés et un espace politique propre où ils participent au gouvernement de la cité ». La société civile au sein de ces sociétés repose sur un pluralisme associatif très important ainsi que sur un solide réseau d'entreprises et une vie économique intense qui contribue à l'esprit communautaire. La vie civique s'inscrit dans un territoire précis, celui de la nation-sans-État, ce qui favorise l'institutionnalisation d'un espace démocratique qui se présente comme le lieu de débats politiques distincts. Cet espace est constitué de partis politiques qui limitent leurs actions au territoire de la nation-sans-État. Ces partis, tels le Parti Québécois (PQ) au Québec, le Convergència i Unió (CiU) en Catalogne ou le Scottish National Party (SNP) en Écosse, peuvent chercher à infléchir la politique sur la scène politique du pays dans lequel ils évoluent. Au Québec, le Bloc Québécois sert souvent de courroie de transmission et porte les revendications du PQ sur la scène fédérale. En Espagne, le système partisan rendant difficile l'obtention d'une majorité au Parlement, les partis régionalistes comme le CiU monnayent leur appui au gouvernement central en échange d'avantages pour leur nation.

Les partis autonomistes ou nationalistes n'ont pas le monopole du nationalisme à l'intérieur de ces sociétés. Tous les partis du spectre politique doivent se positionner par rapport à la question nationale. En Catalogne, le Parti socialiste allié du Parti socialiste ouvrier espagnol (PSOE), tient un discours nationaliste modéré, alors que le Parti communiste propose un nationalisme plus à gauche et se fait le défenseur de l'usage du catalan dans la vie publique. Au Québec, le Parti libéral, bien qu'il ne partage pas les projets indépendantistes du PQ, est néanmoins favorable à la reconnaissance du caractère distinct du Québec. Depuis quelque temps, il cherche même à récupérer les symboles du nationalisme québécois que s'est appropriés le PQ. En Écosse, tous les partis doivent intégrer des problématiques écossaises pour être élus au nouveau Parlement écossais.

Les mouvements nationalistes, comme ceux qui existent au Québec, en Catalogne ou en Écosse, n'ont pas tous obligatoirement des visées sécessionnistes, même s'ils revendiquent tous le droit à l'autodétermination pour leur nation. Cela n'implique pas que tous les mouvements nationalistes subnationaux agissent de la même façon. En effet, leur conduite dépend des choix stratégiques des acteurs collectifs et de contraintes particulières liées à l'histoire, mais on peut affirmer sans hésitation que leur répertoire d'actions s'est considérablement agrandi. Il faut se garder de l'illusion de l'uniformité. Chaque mouvement est différent, même si tous doivent réagir à la mondialisation. Dans les prochaines sections, je présente la trajectoire historique de chaque cas afin de bien faire comprendre les différences et les similarités. Mais avant, et suivant la thèse de David McCrone (1998), on peut dresser une liste de 10 points communs aux mouvements nationalistes subnationaux :

1. Dans les cas qui nous intéressent, le nationalisme prend forme au sein de sociétés civiles cohérentes. Les pays auxquels se rattachent ces mouvements ne sont pas souverains, mais ils exercent une certaine autonomie.

2. Au Québec, en Écosse et en Catalogne, un accent particulier est mis sur un discours plus civique qu'ethnique

de la nation. La territorialité est plus importante que les liens de sang présumés.

3. Les citoyens qui vivent au sein de ces communautés ont acquis une identité multiple. L'idée d'une identité unique est dépassée. Les Québécois sont également canadiens-français, canadiens ou nord-américains, les Écossais sont également britanniques ou européens, tout comme les Catalans sont espagnols ou européens. Les citoyens jouent de leurs multiples identités en fonction des circonstances.

4. La montée des mouvements nationalistes subnationaux se produit en général dans des régions relativement riches plutôt que dans les régions pauvres. Ces mouvements ne sont pas des colonies de l'intérieur.

5. Les mouvements nationalistes subnationaux sont pour la plupart politiquement et économiquement plus progressistes que réactionnaires. Ils ne sont pas des mouvements de révolte contre la modernité.

6. Différents éléments idéologiques contradictoires sont intégrés dans le discours politique afin de mobiliser la population. On est à la fois pour la mondialisation et l'État providence, on fait référence au passé et au futur, on mélange un discours ethnique et civique de la nation, on est corporatiste et néolibéral, séparatiste et autonomiste, etc.

7. La confusion apparente dans le discours est imputable au fait que ceux qui professent des idées nationalistes se trouvent dans toutes les couches et les milieux de la société. Ces électeurs potentiels peuvent être également très versatiles. Les mouvements nationalistes subnationaux ne sont pas des mouvements « bourgeois » comme il en existait au XIXe siècle en Europe.

8. Ces partis ou mouvements politiques ont vu le jour dans la seconde moitié du XXe siècle. Le Parti Québécois, le Scottish National Party et le Convergència i Unió sont des créations contemporaines.

9. Les mouvements nationalistes subnationaux cultivent l'ambiguïté quant à leurs objectifs. Veulent-ils l'indépendance ou plus d'autonomie ? Des formules équivoques sont utilisées dans les débats politiques, par exemple le concept de souveraineté-association ou de souveraineté-partenariat au Québec, le *Home Rule* en Écosse ou l'autonomie en Catalogne.

10. Le pouvoir politique est à géométrie variable. Les débats politiques prennent place à l'échelle de la nation, de l'État territorial et à celle de l'intégration continentale, qu'il s'agisse de l'adhésion à l'Union européenne ou de l'adhésion à l'ALÉNA.

CHAPITRE IV

La Catalogne :
un nationalisme stratégique*

L'identité catalane ne date pas d'hier. L'Empire romain avait déjà imposé aux tribus de la péninsule Ibérique une unité politique, unité dont on ne sait que très peu de chose. La monarchie wisigothe exerce par la suite son autorité sur le territoire. En 711, l'unité politique de l'Espagne est « détruite », selon la sagesse populaire, par les invasions arabes, mais on ne sait pas grand-chose sur le degré d'unité réel des peuples de la péninsule. Selon certains, c'est durant cette période que les habitants de la péninsule se reconnaissent comme Espagnols face aux envahisseurs musulmans (Hermet, 1996a). L'Espagne serait donc née d'un refus de la domination musulmane. La Reconquista, qui procède d'une volonté affichée de réintégrer la chrétienté, est cependant l'œuvre de chrétiens, de seigneurs, de royaumes divisés qui s'unissent parfois

* Je remercie Mme Caterina Garcia I Segura de l'Universitat Pompeu Fabra de Barcelone en Catalogne pour ses commentaires sur ce chapitre.

selon les circonstances, mais qui restent profondément fragmentés.

C'est au Moyen Âge que s'établit en Catalogne un territoire défini juridiquement, culturellement et linguistiquement. Au cours des Xe et XIe siècles, le catalan se forme à partir du latin populaire et se distingue petit à petit de l'espagnol (castillan) et de l'occitan que l'on retrouve essentiellement dans le sud de la France actuelle. En 988, le comte de Barcelone se désolidarise du roi de France en renonçant à ses obligations féodales. À partir de 1137, la Catalogne se réunit en confédération avec l'Aragon ; une grande puissance maritime et commerciale en résulte. En 1479, la couronne d'Aragon et le royaume de Castille fusionnent également, pour former, en 1516, le royaume d'Espagne. Sous Charles Quint, ce royaume est le centre du Saint Empire romain germanique (1519-1556).

Par suite de l'avènement d'institutions représentatives, au XIIIe siècle, la Catalogne conserve ses propres institutions, tels le *Cortes* (le Parlement) et la *Generalitat*, qui est le pouvoir exécutif. La Catalogne vote ses propres lois, perçoit ses propres taxes et ne doit se mobiliser militairement que lorsqu'elle est en danger (Keating, 1997, p. 138). Le royaume d'Espagne ne fait qu'unir des territoires jusque-là indépendants dans une construction politique qui leur assure une large autonomie (Pérez, 1998, p. 84). Les Catalans ne reconnaîtront jamais à la Castille le rôle de leader qu'elle cherche à jouer dans la péninsule.

Le seul lien qui réunit ces peuples aux langues, aux territoires et aux histoires différents est le roi. Si l'on peut parler de territoires autonomes, il est cependant difficile de parler d'État souverain. La Castille et l'Aragon sont sous l'autorité du même roi ; ces territoires n'en sont pas moins aussi différents que lorsqu'ils étaient chacun sous l'autorité d'un souverain distinct. Même si les affaires diplomatiques et les forces armées relèvent du roi, celui-ci n'incarne pas l'idée de nation. Les peuples du royaume d'Espagne sont très fortement attachés à leur région, mais très peu à celui-ci. Pendant toute la période des Habsbourg, des postes de la douane existent entre la Castille et l'Aragon (Pérez, 1998, p. 85).

En théorie, tous les royaumes sont égaux au sein d'une monarchie, aucun ne doit dominer les autres. En pratique, il en va bien autrement. Une hiérarchie finit par s'instaurer en fonction du lieu de résidence du roi. Ainsi, comme tous les territoires espagnols sont représentés par un vice-roi sauf la Castille, cela place la Castille au centre de l'Espagne. C'est en Castille que les rois recrutent plus volontiers leurs conseillers politiques, les diplomates, les stratèges… Ce choix paraît évident. La Castille est, à l'origine, la région la plus riche, la plus peuplée et la plus dynamique. En 1600, la population de la Castille est de 6,5 millions d'habitants, alors que l'Espagne en compte 9 millions. En clair, elle accueille les trois quarts de la population de la péninsule, et ce n'est donc pas un hasard si Charles Quint déclare, en 1520, qu'il veut faire de la Castille le centre de son empire. Finalement, par sa taille, ses lois, ses migrations internes et sa langue commune, la Castille est plus intégrée à l'Espagne que les autres territoires.

Le pouvoir royal ne cherche cependant pas à imposer l'usage du castillan. Ce sont les élites régionales, en Catalogne comme ailleurs, qui, à partir du XVIe siècle, renoncent à leur langue maternelle et adoptent le castillan comme langue usuelle. Ce mouvement ne s'accompagne, selon Joseph Pérez, d'aucune pression. Dans le milieu littéraire, la langue castillane s'impose à partir de 1570 (Pérez, 1998, p. 84).

Au XVIIe siècle, la monarchie espagnole, qui prend conscience de la puissance française, tente d'instituer en Espagne un régime absolutiste et centralisé, ce qui implique une réduction significative de l'autonomie de la Catalogne. Ces mesures entraînent une vague de révoltes, la sécession du Portugal et douze années de guerre en Catalogne qui aboutissent à la cession du Roussillon à la France et à la préservation d'une souveraineté limitée pour la Catalogne.

Lors de la guerre de la Succession d'Espagne, la couronne d'Aragon donne son appui au candidat vaincu, l'archiduc d'Autriche. Le nouveau roi, Philippe V, profite de l'occasion pour supprimer le régionalisme en Catalogne en se fondant sur l'idée de droit de conquête. En 1714, l'assujettissement de la Catalogne au pouvoir central est complet (Keating, 1997, p. 138). Deux ans plus tard, le décret de *Nueva Planta* abolit ses prérogatives constitutionnelles, la Generalitat ainsi que son régime juridique et fiscal. Depuis lors, l'Espagne des Bourbons est, à part quelques exceptions de peu de portée, un État uniforme doté d'un régime fiscal et d'un système monétaire uniforme. Le gouvernement est également fortement centralisé et le castillan est la seule langue officielle. Comme le constate Joan B. Culla i Clarà : « C'est ainsi que la construction d'une identité nationale espagnole unique se mit en marche à partir du démantèlement institutionnel des identités périphériques (valencienne, catalane…) et de la marginalisation de leurs langue et culture. » (Culla i Clarà, 1999, p. 36)

Au XVIIIe siècle, les mesures de construction de la nation ont atteint les objectifs visés et un véritable patriotisme espagnol commence à se manifester. Se renforcera ensuite l'idée de nation espagnole, à l'occasion de la guerre « nationale » contre l'envahisseur français.

La structure de la Catalogne se transforme cependant rapidement durant cette période. En effet, en une soixantaine d'années, la population se multiplie par deux. Barcelone compte pour sa part 130 000 habitants. L'agriculture se modernise, se spécialise et se tourne vers les marchés d'exportation des colonies d'Amérique. Les manufactures de laine, de cuir, de papier, de coton produisent pour le reste de l'Espagne, mais également pour les colonies. Ces changements modifient profondément les structures de la société. Une nouvelle classe de commerçants forme une nouvelle bourgeoisie et un prolétariat dont les luttes de pouvoir fonderont la Catalogne contemporaine (Culla i Clarà, 1999, p 36). L'économie catalane est fortement axée sur l'exportation, contrairement aux autres régions d'Espagne plus agricoles. En 1774, José Cadalso y Vázquez faisait les observations suivantes :

> Les Catalans sont les peuples [*sic*] les plus industrieux d'Espagne. Les manufactures, la pêche, la navigation et le commerce sont des activités à peine connues par les autres peuples d'Espagne […]. Les champs sont cultivés, la population augmente, les fortunes croissent, et, finalement cette nation semble à mille lieues de la galicienne, de l'andalouse et de la castillane. Mais ses naturels sont peu aimables, uniquement consacrés à leurs propres gains et intérêts. Certains les appellent les « Hollandais d'Espagne ». (Cadalso cité dans Culla i Clarà, 1999, p. 37-38)

Dans ces circonstances, les tentatives de l'élite du centre pour importer de France son modèle de développement se soldent par un échec. Madrid n'est pas Paris. Madrid, ville préindustrielle de rentiers ou d'employés d'État, n'exerce que peu d'influence sur Barcelone, ville industrielle qui a donné naissance au premier train en Espagne. Barcelone est le pivot économique de l'Espagne, alors que Madrid en est le centre politique. En raison de cette dichotomie, il devient difficile d'imposer des normes communes. On avait en Espagne, pour reprendre les mots de Joan B. Culla i Clarà (1999), un jacobinisme sans jacobins. Le centre espagnol, trop faible, doit constamment négocier avec les acteurs sociaux de la périphérie, ce qui l'empêche d'imposer un projet unitaire, comme celui des jacobins en France.

Après le décès du roi Ferdinand VII, le ministère de la transition procède à un changement administratif extrêmement important, changement qui passe pourtant presque inaperçu : la division de l'Espagne en provinces, inspirée des départements français de 1790. En 1833, l'Espagne devient un État centralisé à la française, découpé en 49 provinces de superficie à peu près équivalente. La Catalogne est divisée en quatre provinces. À la tête de chaque province est nommé un gouverneur civil, une sorte de préfet à la française, dont le mandat consiste à maintenir l'ordre public et à combattre les particularismes locaux. Quelques années plus tard, on réforme l'administration en la centralisant et en uniformisant les codes juridiques (Pérez, 1998, p. 89). On tente encore une fois d'imposer le castillan comme langue nationale (Culla i Clarà, 1999, p. 38).

L'échec de ces mesures était inévitable. Le régime espagnol devient rapidement « l'instrument d'une étroite oligarchie agraire plus soucieuse de défendre par la force et la répression son rôle dominant que de construire une nation moderne » (Culla i Clarà, 1999, p. 37-38). Cette oligarchie se révèle incapable d'unir ses intérêts à ceux de la nouvelle bourgeoisie catalane ou de mobiliser les prolétaires et les paysans dans un projet national avantageux pour ces derniers. Les nouveaux gouverneurs civils, souvent médiocres, sont réputés être au service de l'armée et utiles « seulement pour truquer les élections au bénéfice du gouvernement » (Culla i Clarà, 1999, p. 38). Finalement, les politiques visant à imposer le castillan aboutissent à un lamentable échec. En 1900, l'analphabétisme touche 63,8 % de la population, comparativement à seulement 16,5 % en France.

En 1850, Modesto Lafuente publie la première histoire « nationale » de l'Espagne en 30 volumes. L'entreprise de l'historien veut donner aux Espagnols une conscience nationale. Les traits caractéristiques de la nation espagnole sont, selon Lafuente, l'unité, l'indépendance et la foi catholique. Il met en valeur la résistance des Espagnols contre les envahisseurs étrangers, qu'il s'agisse des Romains, des Maures ou des Français. Il souligne l'attachement des Espagnols à la liberté et à la foi catholique, tout en condamnant le despotisme, l'intolérance et le fanatisme. L'ouvrage de Lafuente sera réédité jusque dans les années 1950 et aura une influence certaine sur les classes moyennes (Pérez, 1998, p. 90). Toutefois, ainsi que le souligne Joseph Pérez (1998), cette histoire est plus une histoire de la Castille qu'une histoire de l'Espagne et de ses régions. Lafuente donne l'impression que l'Espagne s'est construite à partir du centre, la Castille, dont les valeurs se sont imposées. Lorsque, vers la fin du XIXe siècle, les mouvements nationalistes subnationaux apparaîtront en Catalogne et ailleurs en Espagne, ils seront considérés comme des ennemis de la nation, car rien n'avait préparé les Castillans à comprendre la diversité de leur scène nationale.

Malgré tout, la Catalogne parvient à conserver une partie de son identité. En effet, la langue catalane continue d'être parlée, et les tribunaux et les instances administratives doivent en faire usage, ne serait-ce que pour s'assurer que la population comprend les mesures juridiques et législatives qui les concernent. De plus, les Catalans ont également un sens religieux très particulier et la mémoire de leur indépendance passée (Keating, 1997, p. 139). Finalement, le jacobinisme pratiqué par le centre espagnol est étranger à la tradition catalane du contractualisme et à l'habitude de la négociation.

Le XIXe siècle voit arriver la renaissance catalane – *Renaixença* –, qui s'inscrit dans le courant européen du romantisme. On redécouvre les traditions du passé, les richesses culturelles de la région et le folklore qu'on cherche à faire revivre et à faire connaître. On s'emploie à refonder la langue catalane pour éviter qu'elle ne dégénère en patois. On compose des chansons faisant l'apologie de la patrie catalane, comme un hymne national (*Els Segadors*). En 1833, Barcelone retrouve son université qui avait été fermée par Philippe V. Des journaux en catalan commencent à paraître, puis, en 1859, la municipalité de Barcelone réintroduit les Jeux floraux qui récompensent la plus belle poésie en langue catalane. Le nationalisme catalan ne naît cependant pas de ces seuls événements.

Les progrès de l'industrialisation au milieu du XIXe siècle, plus rapides en Catalogne et au Pays basque que dans le reste de l'Espagne, viennent accentuer la différence entre la Catalogne et le reste de l'Espagne. Pendant une grande partie du XIXᵉ siècle, l'industrie espagnole se limite au textile et au travail du coton, et la Catalogne possède 90 % des métiers à filer le coton. En clair, l'industrie catalane forme l'essentiel de l'industrie espagnole. De plus, les divisions entre ville et campagne, entre habitants de la montagne et habitants des plaines disparaissent en Catalogne, ce qui contribue à renforcer le sentiment d'appartenance à la région (Keating, 1997, p. 140).

Vers la fin du XIXᵉ siècle prend forme en Espagne un clivage entre un centre qui a la haute main sur les leviers politiques et les périphéries que sont la Catalogne et le Pays basque qui détiennent le pouvoir économique. Il n'existe pas véritablement de sentiment national au début de l'industrialisation. La Catalogne est alors une puissance industrielle en Espagne, mais pas encore à l'échelle européenne. Elle a donc besoin de mesures protectionnistes pour limiter la concurrence des pays du Nord et protéger son industrie naissante. La bourgeoisie catalane demande au gouvernement central d'intervenir. Les Catalans sont les seuls à préconiser le protectionnisme. Or, les marchands de Cadix, les importateurs de produits finis, les exportateurs de laine ou de minerais ne veulent pas supporter les coûts d'une hausse des tarifs douaniers. Le centre opte par conséquent pour le libre-échange. La bourgeoisie catalane se dresse rapidement contre le centre, que dominent l'armée et les propriétaires terriens. Tous ces facteurs ont, comme le constate Joseph Pérez, l'effet suivant : « En Catalogne, l'effort culturel et linguistique se conjugue avec la frustration des milieux dirigeants de la région. C'est ainsi que l'on passe du provincialisme au régionalisme, puis au nationalisme. » (Pérez, 1998, p. 92)

Les mouvements ouvriers catalans sont à l'époque les plus révolutionnaires d'Europe. Friedrich Engels écrit, en 1873, au sujet de Barcelone que c'est « la ville dont l'histoire était, plus que toute autre au monde, remplie de barricades » (Engels, cité dans Culla i Clarà, 1999, p. 38). La bourgeoisie catalane, fortement conservatrice et religieuse, a besoin de l'aide de l'État central pour mater les agitateurs. Au fond, l'attitude de la bourgeoisie catalane à l'endroit du centre est pour le moins lunatique : d'une part, elle réclame la protection de l'État sur le plan commercial et pour des questions de sécurité intérieure et, d'autre part, elle réclame l'autonomie pour un pouvoir central arriéré, corrompu et militariste. Plus le temps passe, plus les différends deviennent importants entre le centre et la périphérie.

Le nationalisme catalan prend forme à partir de 1885. En 1892, des éléments conservateurs du centre Català fondent la Lliga Catalana qui revendique l'autonomie gouvernementale et l'usage plus étendu de la langue catalane. Le régionalisme se transforme définitivement en nationalisme avec l'affaire cubaine. Cet événement vient anéantir les illusions de la bourgeoisie catalane quant à la capacité de l'Espagne de devenir un État moderne. Avec la guerre contre les États-Unis et la perte de Cuba, puis des Philippines, l'industrie catalane se trouve privée d'importants débouchés à l'extérieur de la péninsule, ce qui provoque une crise économique en Catalogne. Enrique Prat de la Riba, soutenu en cela par la bourgeoisie et les classes moyennes catalanes, exige alors l'autonomie de la Catalogne et réclame la création d'une monnaie catalane. En 1901 naît la Ligue régionaliste. L'indépendance apparaît impossible à l'époque, car les acteurs sociaux sont convaincus qu'elle ne peut être réalisée que par la guerre. Compte tenu du fait que le marché espagnol est très important pour la société et les industries catalanes, on ne peut tout simplement pas faire sécession. Les coûts en sont trop élevés.

Le nationalisme catalan du début du XXe siècle ne s'exprimera pas sans ambivalence. D'un côté, on prône l'autonomie gouvernementale, sans cependant aspirer à l'indépendance, et, de l'autre, on cherche à « catalaniser » le reste de l'Espagne qui sert de véritable repoussoir identitaire (Keating, 1997, p. 14 ; Culla i Clarà, 1999, p. 40). Les nationalistes obtiennent cependant un certain nombre de victoires : par exemple, en 1906, un régime tarifaire est instauré, qui permet de protéger l'industrie textile catalane ; en 1914, la Catalogne se voit accorder une petite autonomie gouvernementale qui autorise les quatre provinces catalanes à unir leurs ressources (Culla i Clarà, 1999, p. 41). Cette union des provinces de Catalogne favorise la renaissance de la langue catalane ainsi que la création d'institutions culturelles et économiques. La Catalogne peut également parler d'une seule voix (Keating, 1997, p. 141). Le nationalisme catalan devient, au cours des deux premières décennies du siècle, le cri de ralliement de tous les partis politiques en Catalogne ; il n'est plus, comme avant, l'expression des revendications de la bourgeoisie. Cette attitude va profondément offenser les nationalistes espagnols. Pour la plupart des Espagnols, il est incompréhensible que la Catalogne, la région la plus riche, la plus développée, voire hégémonique, veuille plus d'autonomie. « C'est le premier cas d'une métropole qui veut s'émanciper de ses colonies », lancera quelqu'un en boutade (cité dans Culla i Clarà, 1999, p. 41).

Les nationalistes catalans vont cependant commettre des erreurs. En plus de provoquer des réactions de nature identitaire chez les Espagnols, une partie de la bourgeoisie commet la bévue d'appuyer le dictateur Miguel Primo de Rivera (1923-1930) qu'elle percevait, à tort, comme étant sympathique aux intérêts catalans. C'est durant cette dictature qu'apparaissent les premiers mouvements indépendantistes, inspirés de l'IRA de Michael Collins et d'Eamon De Valera.

Les nationalistes reviennent à l'attaque après la dictature de Primo de Rivera. Ils obtiennent, en 1932, un statut d'autonomie, le seul à cette époque, résultat d'un compromis avec les républicains de Madrid. À ce statut provisoire succédera l'*Estado integral*, une forme de régime semi-fédéral dans lequel les régions ont la possibilité d'acquérir leur pleine autonomie une fois accomplie une procédure complexe qui vise à permettre ce statut seulement aux communautés historiques. Ce semi-fédéralisme est supprimé par le gouvernement de droite qui est au pouvoir de 1934 à 1936. Au début de la guerre civile, la Generalitat fonctionne comme un État semi-indépendant.

L'arrivée de Franco sur la scène politique espagnole sera lourde de conséquences pour les Catalans. Ainsi le note Michael Keating : « La rébellion franquiste ne s'attaquait pas qu'à la démocratie, au socialisme et à l'anticléricalisme ; elle avait également pour cible le nationalisme minoritaire et sa victoire en 1939 décida du sort de la Generalitat. » (Keating, 1997. p. 142) Durant le règne de Franco, les institutions catalanes autonomes sont supprimées, le castillan devient la langue de l'administration, des tribunaux et des écoles. Un des slogans favoris du franquisme triomphant était : « Si tu es espagnol, tu parles espagnol. » Parler catalan est même, pendant un certain temps, considéré comme un délit. Pour rendre impossible l'enseignement de cette langue, on sort des écoles les enseignants qui parlent catalan. Les dirigeants de la Generalitat sont exécutés ou doivent s'exiler. Finalement, une partie de la bourgeoisie catalane adhère au franquisme, d'autres rejoignent l'Opus Dei. Quant aux membres des professions libérales et de la classe moyenne, la plupart n'accepteront jamais le franquisme.

Le franquisme causera de sérieux torts à la société catalane. Une génération de petits Catalans seront incapables de lire ou d'écrire le catalan. De plus, une partie de l'économie passera progressivement aux mains d'entreprises madrilènes ou étrangères. Sur le plan économique, la prise du pouvoir par Franco provoquera, dans un premier temps, l'isolement économique de l'Espagne. Le gouvernement espagnol dirige même, délibérément, ses investissements hors de la Catalogne afin d'affaiblir ce foyer de la résistance. Les banques s'établissent à Madrid ou au Pays basque. Le manque d'institutions financières est aujourd'hui une des causes importantes de la faiblesse de la région sur les marchés mondiaux. Ce n'est donc pas sans raison que Jordi Pujol créera, avec d'autres, en 1961, la Banca Catalana ; il fallait faciliter l'obtention de capitaux pour les entreprises de la Catalogne. L'institution disparaîtra en 1984, à la suite d'une crise importante (Garcia, 1998, p. 148). Encore aujourd'hui, Madrid est le principal centre financier d'Espagne.

Dans les années 1950, sous l'influence d'une nouvelle génération de technocrates, le gouvernement change de politique. L'Europe s'ouvre et le protectionnisme perd du terrain. Le dynamisme économique de la Catalogne et, à partir de 1960, la libéralisation de sa politique économique encouragent un afflux de citoyens d'autres régions d'Espagne, et plus particulièrement d'Andalousie. Les habitants nés hors Catalogne vont former 40 % de la population. Ils occupent, pour la plupart, les emplois d'usine et d'atelier, mais ils représentent un danger pour la reproduction de la nation catalane. De plus, durant les années de dictature, seuls la tradition familiale catalane et certains secteurs de l'Église catholique favorisent la reproduction de la nation (Culla i Clarà, 1999, p. 44).

Cependant, malgré ces deux phénomènes, l'identité catalane ressort renforcée de la dictature. En effet, le caractère ultranationaliste espagnol du régime de Franco pousse la gauche clandestine à défendre les droits nationaux de la Catalogne. Cette dernière sera l'un des derniers bastions de la résistance républicaine durant la guerre civile et devient le symbole de la résistance antifranquiste. Jordi Pujol, président de la Generalitat en Catalogne depuis 1980, est l'un des plus ardents défenseurs de la lutte contre le franquisme, ce qui lui vaut d'être enfermé de 1960 à 1967 (Garcia, 1998). Beaucoup d'immigrants suivront le mouvement. Après la mort de Franco en 1975, tous les partis du spectre politique font front commun pour s'opposer au franquisme. On veut que le retour de la démocratie soit aussi le retour de l'autonomie politique.

La Constitution de 1978 cherche justement à libérer le pays de l'héritage de Franco en faisant une place aux autonomies régionales dans le cadre d'une nouvelle Espagne à caractère presque fédéral, une Espagne des autonomies. En vertu de l'article 2 de la Constitution, l'Espagne « reconnaît et [...] garantit le droit à l'autonomie des nationalités et des régions qui la composent, ainsi que la solidarité entre elles ». La Constitution reconnaît deux sortes de communautés autonomes : les communautés dites historiques ou nationalités, et les régions. Dans les faits, cela implique que la Constitution reconnaît que la Catalogne, tout comme le Pays basque, est une nationalité par sa personnalité historique, culturelle et linguistique. La Constitution de 1978 ne donne pas aux communautés historiques un privilège par rapport aux autres régions d'Espagne. En effet, ces régions peuvent se regrouper, si elles le désirent, afin d'obtenir légalement un statut semblable à celui de la Catalogne ou du Pays basque. C'est ce que les Espagnols appellent, dans le langage populaire, ¡Café para todos! (« Du café pour tous ! »).

Actuellement, il existe 17 communautés autonomes qui se répartissent en deux catégories : les communautés à voie rapide et les communautés à voie lente. La première regroupe les communautés historiques ou les régions qui ont obtenu un statut de pré-autonomie, soit la Catalogne, le Pays basque, la Galice, l'Andalousie, la Navarre, les îles Canaries et le Pays valencien. Les autres communautés appartiennent à la seconde catégorie. Les domaines de compétence de la Generalitat sont nombreux et variés : l'enseignement, tout ce qui touche à la culture générale (notamment le patrimoine historique, les archives, les arts, les bibliothèques), la recherche, la santé, les services sociaux, l'aménagement du territoire, les travaux publics, etc. Le gouvernement autonome peut créer ses propres impôts, mais la perception, la gestion, la liquidation et l'inspection des autres impôts de l'État perçus en Catalogne est du ressort de l'État central. Notons que la Generalitat remplit, par délégation de l'État, une partie de ces fonctions. Sur le plan militaire, la Catalogne ne dispose pas d'une armée, mais elle possède une police autonomique aux pouvoirs réduits. Au chapitre de la langue, un statut stipule que la « langue propre de la Catalogne est le catalan ». Depuis le 18 avril 1983, les Catalans vivent sous le régime linguistique de la Loi sur la normalisation linguistique, qui cherche à renforcer le catalan afin de corriger le déséquilibre entre celui-ci et le castillan (Garcia, 1998, p. 25-26). Il faut cependant dire que, pendant longtemps, le catalan a été la langue maternelle des agents dominants en Catalogne. Ceux qui maîtrisaient le mieux cette langue étaient généralement les plus instruits et se situaient au sommet de l'échelle sociale. Les disparités socioéconomiques liées à la langue sont aujourd'hui en voie de disparition.

Le nouveau régime constitutionnel n'a toutefois pas suffi à battre en brèche les tendances centrifuges. Ainsi, le 17 juillet 1998, les nationalistes catalans, basques et galiciens représentant les plus importants partis politiques rédigeaient la déclaration de Barcelone. Cette déclaration réclame une transformation de l'État espagnol en État plurinational de type confédéral qui reconnaît le droit à l'autodétermination des communautés historiques. Encore maintenant, on craint pour l'avenir du régime et on disserte beaucoup sur la portée réelle du sentiment national en Espagne. Il faut dire que, même si la Catalogne est reconnue comme une « nationalité », cette reconnaissance de l'identité catalane s'inscrit dans des rapports de domination entre l'État espagnol et les groupes politiques catalans (Garcia, 1998, p. 34). Dans ces conditions, les Catalans se voient obligés de réaffirmer leur identité à de nombreuses reprises ; c'est dans cette optique que, par exemple, le Parlement catalan a approuvé une proposition du parti Esquerra Republicana Catalunya (ERC) énonçant que « la Catalogne est une réalité nationale différente du reste de l'Espagne et le peuple catalan ne renonce pas au droit à l'autodétermination » (cité dans Garcia, 1998, p. 36). L'Espagne est politiquement plus fragmentée que jamais.

En 1977, la Generalitat renaissait donc en Catalogne. Joseph Tarradellas, qui était président de cette institution à l'étranger depuis 1954, rentre triomphalement en Espagne. En 1980, Jordi Pujol devient le premier président élu de la Generalitat de l'ère post-Franco. Son parti, la Convergència i Unió (CiU), une coalition nationaliste centriste formée de libéraux et de démocrates-chrétiens, sera réélu en 1984, 1988, 1992, 1995 et 1999[4]. Sitôt élu, Pujol cherche à faire transférer des pouvoirs de l'État central à la Catalogne. Il est aidé dans cette entreprise par le président espagnol Adolfo Suárez, dont le parti est minoritaire au Parlement espagnol et qui a absolument besoin du soutien de Pujol.

Après le coup d'État manqué de 1981, les choses prennent une autre tournure. En effet, le premier ministre espagnol Leopoldo Calvo Sotelo, sous la pression des conservateurs espagnols, tente de freiner le mouvement de décentralisation. Cette nouvelle orientation centralisatrice atteint son paroxysme avec l'adoption d'une loi qui vise à harmoniser le processus autonomiste. Cette loi est approuvée par le Parti union du centre démocratique (UCD) et par le Parti socialiste ouvrier espagnol (PSOE). Elle aura comme conséquence de ternir

---

4. Le parti de Jordi Pujol sera cependant minoritaire pour la première fois depuis 1980.

l'image du Parti socialiste catalan (PSC) qui travaille en collaboration avec le PSOE.

Le parti de Jordi Pujol, la CiU, ne réclame pas l'indépendance de la Catalogne. Il veut obtenir pour la Catalogne un maximum d'autonomie, mais dans le cadre de l'Espagne et de l'Europe. Les projets de Pujol pour la Catalogne sont les suivants : consolider l'identité catalane, établir de bonnes relations entre la Catalogne et l'Espagne et instaurer une politique active de la Catalogne en Europe. Le nationalisme que véhicule la CiU insiste sur les différences fondamentales entre la Catalogne et le reste de l'Espagne. Pujol attache une plus grande importance à certaines de ces différences, par exemple en ce qui concerne l'attitude de la Catalogne et de l'Espagne à l'égard de l'Europe. Les Catalans, selon Pujol, ont, à la fin du XIXᵉ siècle, été influencés par les idées européennes d'industrialisation, de modernisation, de réforme agraire et de mercantilisme, au contraire des Espagnols. Les Catalans ont par ailleurs un complexe de supériorité vis-à-vis des Espagnols ; ils disent même vouloir « cataloniser » l'Espagne !

Afin d'assurer la reproduction de leur nation, les nationalistes de la CiU réclament un statut particulier et une plus grande décentralisation de l'État fédéral. La participation de la CiU au gouvernement espagnol est la démonstration éclatante de l'idéologie de Pujol qui soutient qu'il est possible d'être un nationaliste catalan et de contribuer au développement de l'Espagne dans son ensemble. Sa collaboration avec Madrid lui permet de retenir 15 % des taxes perçues en Catalogne sans avoir à en référer à Madrid. Les autonomies ont également obtenu le droit de percevoir 30 % de l'impôt sur le revenu (Loyer et Villanova, 1999, p. 21). Les Catalans bénéficient donc aujourd'hui d'une autonomie fiscale réelle. Ils peuvent ainsi développer les institutions publiques catalanes.

La CiU est fortement imprégnée des idées de son fondateur, Jordi Pujol. Ce dernier s'est, pendant la période franquiste, occupé des priorités de la Catalogne, soit la restauration de la nation, un changement des structures sociales et le retour de la démocratie (Guibernau, 1997, p. 100). Pujol a été, dans sa jeunesse, influencé par les Français progressistes et catholiques, ce qui l'amène à mettre de l'avant un « nationalisme personnaliste ». Ce type de nationalisme évolue en un nationalisme ouvert à l'égard des immigrants et qui reconnaît l'importance de l'individu et de la nation. Pour Pujol, la nation devrait donner aux individus la possibilité de se projeter vers d'autres horizons. Le nationalisme de Pujol est constant sur deux points : 1) la Catalogne est une nation et doit être reconnue comme telle ; 2) l'Espagne doit être réformée afin de mieux représenter la diversité et le pluralisme.

Montserrat Guibernau (1997, p. 107) décrit en six points le nationalisme de Pujol : 1) Pujol rejette toute conception raciste ou ethnique de la nation. La nation, pour Pujol, se résume à deux éléments, à savoir la langue commune et le désir de faire partie de la communauté. Pujol estime que tous les habitants de la Catalogne devraient parler le catalan et il fait de la défense et de la promotion de la langue une obligation citoyenne. 2) Le nationalisme de Pujol est fondé sur un sentiment d'appartenance à une communauté nationale qui a une longue tradition historique. 3) Son nationalisme s'est construit en réaction au nationalisme espagnol. 4) Pujol croit en la nécessité de consolider la nation catalane pour favoriser les projets collectifs. 5) Pujol croit que la Catalogne a un destin particulier à accomplir, soit la création d'une Europe moderne. 6) Pujol est un ferme partisan de l'idée d'une Europe des régions dans laquelle les « nations sans État » assumeraient un rôle important. Déjà en 1964, Pujol écrivait : « Le nationalisme catalan doit être une variante du nationalisme européen. » (Guibernau, 1997, p. 106 ; traduction libre)

En Catalogne, la politique extérieure de la Generalitat poursuit trois objectifs : le développement économique, la reconnaissance politique de la nation et les échanges culturels. À ce propos, c'est à la demande de la Generalitat de Catalogne que l'Union européenne s'est penchée sur la question des langues régionales européennes et a fini par reconnaître, en 1990, le catalan comme langue européenne (Keating, 1997). Au cours de la seule année 1993, des politiciens régionaux espagnols effectueront 177 visites à l'étranger. Les plus actifs, comme on peut s'y attendre, sont les Catalans, avec 23 déplacements (Garcia i Segura, 1995, p. 124). Jordi Pujol, lorsqu'il voyage à l'étranger, se présente en véritable chef d'État. Il a rencontré le pape, a ouvert plusieurs « ambassades », dont une à Bruxelles qui a dû rapidement être rebaptisée Bureau de la représentation de la Catalogne à la suite des pressions de l'État espagnol. C'est son gouvernement qui, en Espagne, se révélera être le plus entreprenant en matière de politiques étrangère et diplomatique. Étant donné qu'aux yeux de Jordi Pujol la Catalogne est une nation, elle a donc, à ce titre, des droits, dont le droit de se présenter comme une nation sur la scène internationale. Les relations extérieures relèvent du président, ce qui lui permet d'exercer un contrôle serré sur ce dossier délicat. Cette personnalisation de la politique étrangère catalane fait partie de la stratégie du président en ce qui concerne les relations publiques, celui-ci cherchant à être l'incarnation politique de la nation (Keating, 1999, p. 734). En 1988, la Catalogne inaugure à l'étranger un consortium de promotion commerciale, qui compte aujourd'hui 33 bureaux dans 19 pays. Si les autorités centrales tolèrent désormais ces bureaux et que les relations avec Madrid semblent à présent moins tendues, il n'en a pas toujours été ainsi, comme en témoigne le boycott diplomatique auquel a donné lieu l'ouverture des premiers bureaux (Bassets, 1998, p. 211). En 1997, environ le quart des investissements étrangers en Espagne sont faits en Catalogne. Pour Jordi Pujol, l'exportation est « une question de survie nationale » (Keating, 1997, p. 180).

Aujourd'hui, en Espagne, le mode de scrutin fait qu'il est difficile pour les principaux partis politiques de former un gouvernement majoritaire. Afin d'obtenir une majorité, les gouvernements socialistes successifs de Felipe González, tout comme le premier gouvernement conservateur de José María Aznar, ont dû conclure des alliances avec des leaders régionaux. Jordi Pujol excelle dans ce petit jeu. Aux élections de 1993, Felipe González remporte sa quatrième victoire consécutive, mais, pour la première fois, il ne dispose plus d'une majorité absolue, ce qui l'oblige à contracter des alliances. Le président Pujol lui accorde alors son soutien, mais sans participation. González sera ainsi l'otage de Pujol, particulièrement en matière budgétaire et en ce qui concerne les questions de transfert de souveraineté (Dufour et Dufour, 2000, p. 44). Aux élections de 1996, le parti de Felipe González est vaincu par une faible marge. Le nouveau leader de la droite, José María Aznar, doit lui aussi conclure une alliance avec Jordi Pujol afin de gouverner. L'entente pose problème, car Aznar a, par le passé, tenu des discours antinationalistes, et plus particulièrement anticatalans. Il payera cher cette erreur de jugement politique. Pour s'assurer l'appui des Catalans, José María Aznar devra renoncer à plus de prérogatives de l'État, notamment en matière fiscale, que ne l'avaient fait les socialistes en treize ans. Le parti de Jordi Pujol se trouve donc en position de marchander et d'exiger que certaines de ses revendications, comme la décentralisation de l'État, soient satisfaites. Cet état de fait explique peut-être pourquoi le nationalisme catalan est plus autonomiste que séparatiste.

Sur le plan économique, les disparités favorisent nettement la désunion. En effet, de 1975 à 1980, qui est la période critique de transition vers la démocratie, l'Espagne est frappée de plein fouet par une crise économique mondiale, crise causée par la hausse du prix du pétrole. L'Espagne enregistre alors le plus haut taux de chômage des pays occidentaux. Ce bilan tranche fortement avec la situation de la période 1960-1973 durant laquelle l'Espagne connaît la croissance la plus rapide des pays membres de l'Organisation de coopération et de développement économique (OCDE) après le Japon. Les problèmes structurels sont également importants en Espagne. Par exemple, si l'on calcule les coûts salariaux unitaires (coûts rapportés à la valeur ajoutée), on constate que produire en Espagne coûte cher à cause de la faible productivité du pays. En 1980, il est moins coûteux de produire en France ou en Allemagne qu'en Espagne ! Cette crise de productivité est en partie liée à la gestion socialiste du pays, qui n'a pas réussi à freiner les hausses des salaires. Dans une économie de plus en plus ouverte ou dans un environnement mondialisé, l'Espagne n'arrive tout simplement pas à concurrencer ses voisins. Elle accuse également un important retard technologique. Le chômage, qui est un phénomène marginal jusqu'en 1976, va littéralement exploser. En 1985, quelque 22 % de la population active est sans emploi ! En 1993, le taux de chômage atteint 24 %, comparativement à 12 % en France à la même date ! Le problème du chômage entraînera une transformation en profondeur de la société espagnole. De plus, avec les lourds ajustements structurels que demande l'Europe pour que l'Espagne fasse partie du premier groupe de pays à être dans la zone euro, appartenir à un pays comme l'Espagne devient de moins en moins avantageux. L'Espagne n'est plus indispensable au développement économique et culturel de la Catalogne. Dans ce contexte, les conflits entre les régions riches comme la Catalogne et le Pays basque et les régions pauvres s'accentuent. On accuse les Catalans de souscrire à un nationalisme étroit et égoïste (Dufour et Dufour, 2000).

La Catalogne contribue nettement au budget de l'État. En effet, elle donne plus qu'elle ne reçoit. Entre 1986 et 1993, la Catalogne, qui a produit environ 19 % du PIB espagnol, a reçu seulement 12 % des investissements de l'État. Elle paie environ 600 000 pesetas par habitant, alors que l'État espagnol n'investit que 480 000 pesetas par habitant (Loyer et Villanova, 1999, p. 25).

Aujourd'hui, les programmes électoraux de tous les partis politiques réclament plus d'autonomie pour la Catalogne. Même Pasquel Maragall, maire de Barcelone de 1982 à 1987 et candidat à la Generalitat contre Jordi Pujol, fait la promotion d'un fédéralisme asymétrique. Il croit que l'Espagne est un pays inachevé et suggère que Barcelone devienne la vice-capitale du pays et que le Sénat y soit transféré. C'est également lui qui est, avec d'autres, l'instigateur du mouvement des « eurocités » selon lequel l'Europe constitue un système de villes. Il sera également président du Comité des régions de 1996 à 1998. Pour leur part, les indépendantistes, très modérés en Catalogne, récoltent près de 10 % des suffrages.

La Catalogne, qui ne représente que 14 % de la population de l'Espagne, génère 40 % des exportations espagnoles. Elle est très bien implantée dans la Méditerranée et s'inspire de l'exemple néerlandais pour ses réseaux d'entreprises transnationales. L'État catalan, qui gère, sur son territoire, l'éducation, le système pénitentiaire, la santé et la police, a une bureaucratie d'environ 110 000 personnes (Newhouse, 1996). Les Catalans sont très favorables à l'intégration européenne, car ce processus, en diminuant les pouvoirs de contrôle de l'État central, leur permet d'élargir leur répertoire d'actions afin de mieux défendre leur identité. La scène européenne est, pour les Catalans, un nouveau terrain politique où peuvent s'exprimer les revendications de la Catalogne. L'Europe permet aux Catalans, avec l'aide d'autres acteurs qui cherchent également à s'émanciper du contrôle étatique, d'explorer diverses avenues en vue d'étendre leur marge d'autonomie.

Le processus de construction de la nation espagnole est un échec si on le compare à celui de sa voisine du nord, la Catalogne. Par exemple, il faudra beaucoup de temps avant qu'on institue les symboles de la nation. En effet, si le drapeau espagnol devient officiel en 1843, ce n'est qu'en 1908 qu'il devient obligatoire d'en garnir les façades d'édifices publics. De plus, aucun hymne national ne s'est encore imposé au XIXe siècle, et certains républicains préféraient même *La Marseillaise* à tout autre chant patriotique (Pérez, 1998). L'Espagne n'avait pas de fête nationale ; en effet, le 2 mai n'a jamais donné lieu à des célébrations à Madrid, et ce, encore de nos jours. Ce n'est qu'à la suite de la victoire de Franco, en 1939, que l'Espagne se dote d'une imagerie symbolique forte : le 18 juillet, date du soulèvement de 1936, est proclamé fête nationale et, plusieurs fois par jour, l'« hymne national » est diffusé à la radio. Dans les villages, les monuments historiques au message symbolique fort se multiplient : les monuments aux morts. On élève la corrida au rang de fête nationale. Cette imagerie, que condamnent les régions nationalistes et les opposants au franquisme, finit évidemment par disparaître à la mort du *Caudillo*. Le fait est qu'il manque trois éléments essentiels pour la réussite d'une entreprise de *nation-building* : une volonté affirmée des acteurs politiques du centre, une école publique qui dispenserait l'enseignement dans une langue commune et qui diffuserait une histoire commune et, enfin, une armée de conscription égalitaire du genre de celle qui a fait le succès de la France. Il faut dire que l'armée, en Espagne, procédait par tirage au sort, et il était toujours possible de se faire exempter du service moyennant finances. Ce système inégalitaire deviendra très impopulaire dans les milieux modestes. Par ailleurs, depuis 1815, l'Espagne n'est jamais intervenue dans un conflit international. L'absence de menaces guerrières explique en partie pourquoi ne se manifeste pas un patriotisme véritablement espagnol (Pérez, 1998, p. 98). L'armée s'est davantage attachée à combattre les « ennemis intérieurs », que ce soient les séparatistes, les socialistes, les anarchistes ou les bolcheviques.

Finalement, le soulèvement militaire de Franco est l'expression d'un nationalisme violent et dominateur du centre qui va s'attirer les foudres des communautés historiques. Après son arrivée au pouvoir à la tête du Parti populaire (PP), José María Aznar subira les pressions de la CiU de Jordi Pujol et du Partido Nacionalista Vasco (PNV) afin que le service militaire obligatoire soit aboli.

En conclusion, on peut dire que les leaders régionaux ont fait pression pour que la transition vers la démocratie soit accompagnée d'une reconnaissance étatique des nationalités historiques. Les mouvements nationalistes obtiennent de plus en plus de pouvoirs. La Catalogne est aujourd'hui une société globale. Elle peut être considérée comme telle, car, à l'intérieur de l'ensemble espagnol, elle forme une société complète, distincte et qui possède une culture spécifique. La Catalogne est constituée d'une société civile où le pluralisme associatif et la vie économique sont très importants. On y dénombre plus de 25 000 associations et plus de 4500 entreprises. Dans les domaines culturel et sportif, la Catalogne accueille un grand nombre d'associations qui sont distinctes des associations espagnoles.

Le discours nationaliste des entrepreneurs identitaires est essentiellement civique, malgré quelques dérives xénophobes qui visent plus spécifiquement les musulmans. Les Catalans se sont forgé des identités multiples qui varient selon les individus et selon le moment ; il est fréquent de rencontrer des Catalans qui se disent également espagnols ou européens. La Catalogne est une région riche à l'échelle de l'Espagne, les discours nationalistes des partis politiques y sont généralement modernes et progressistes. Les principales forces politiques sont favorables à l'intégration européenne et au libre-échange. Le discours nationaliste des entrepreneurs identitaires est cependant parfois ambigu quant à l'objectif final. Veut-on plus d'autonomie dans le cadre d'une Espagne fédérale ou est-ce que l'objectif final est l'indépendance ? La question reste ouverte.

La Catalogne s'internationalise rapidement. Cette tendance s'accentue encore plus avec l'entrée de l'Espagne dans la Communauté européenne en 1986. De 1969 à 1986, ses exportations sont passées de 6,9 % de son PIB à 16,9 %. Depuis 1990, ses exportations représentent plus de 40 % de son PIB. La Catalogne reste cependant dépendante du capital international. La Generalitat s'appuie sur une politique étrangère afin d'attirer les entreprises et les investissements étrangers. La Catalogne s'en sort globalement mieux que le reste de l'Espagne, laquelle est durement touchée par la mondialisation. La concurrence économique des autres pays européens a en effet fait exploser le chômage dans les années 1980. Aujourd'hui, l'Espagne est très fragmentée politiquement, économiquement et culturellement.

En somme, avec l'avènement de la mondialisation, les avantages qu'apporte aux Catalans l'appartenance à l'Espagne diminuent rapidement. La protection par l'armée et le protectionnisme économique ne sont plus des priorités. En outre, les Catalans donnent plus à l'Espagne qu'ils n'en reçoivent. Finalement, le processus d'intégration européenne et l'internationalisation économique diminuent substantiellement les coûts de transition d'une éventuelle indépendance, si cette dernière finissait par être envisagée par les leaders nationalistes. Pour l'instant, vu sa conception du nationalisme, Jordi Pujol tente plutôt de forcer la transformation de l'Espagne en État fédéral et plurinational. Compte

tenu des changements internationaux liés à la mondialisation, il est en position de force face à un centre en
voie de décomposition.

CHAPITRE V

L'Écosse :
pour l'indépendance dans l'Europe[*]

L'Écosse, constituée en royaume dès le Moyen Âge et dotée de ses propres institutions parlementaires et royales, doit très rapidement s'organiser afin de résister aux visées hégémoniques de l'Angleterre. Prise entre deux puissances rivales, la France et l'Angleterre, l'Écosse est toujours en sursis et n'arrive à préserver son indépendance qu'en dressant les deux puissances l'une contre l'autre (Keating, 1997, p. 187). Vers 1560, la Réforme balaie l'Écosse. En 1603, elle fusionne avec l'Angleterre et Jacques VI, roi d'Écosse, de la dynastie des Stuarts, accède au trône d'Angleterre. En 1707, les deux Parlements s'unissent pour ne créer qu'un seul État. Les motifs de cette Union sont nombreux. Pour les Anglais, c'est l'occasion de consolider une succession protestante dans les deux pays et de mettre au pas les jacobites favorables à la dynastie des Stuarts, lesquels

---

[*] Je remercie le professeur David McCrone de l'Université d'Édimbourg pour ses commentaires sur ce chapitre.

sont défaits en 1745. L'Union permet également de résister aux tentatives d'alliance avec la France.

Pour les Écossais, l'Union présente plusieurs avantages, notamment sur le plan économique. Elle doit libéraliser le commerce avec l'Angleterre et amener les Écossais à jouer un rôle dans l'Empire anglais en pleine expansion. L'enthousiasme pour l'Empire britannique est considérable, car ce dernier laisse espérer de nombreuses possibilités de développement économique, sans compter l'influence culturelle qu'il exerce sur le reste du monde, entre autres par des missions religieuses très importantes selon les normes de l'époque. De plus, en ce qui concerne les questions de sécurité, l'Union est perçue comme la meilleure façon de protéger la liberté politique de l'Écosse contre les ennemis à l'extérieur de la Grande-Bretagne, réputés hostiles à la religion protestante (Brown, McCrone et Paterson, 1996). De nos jours, les nationalistes écossais insistent sur le fait que beaucoup de pots-de-vin ont dû être donnés afin d'assurer le succès de l'Union de 1707 (Keating, 1997, p. 187). Ils font également valoir qu'il s'agissait d'un traité entre deux États souverains et non pas de l'absorption pure et simple de l'Écosse par l'Angleterre.

La guerre favorise l'éclosion de l'identité britannique, qui vient non pas remplacer les identités existantes, mais qui se déploie par-dessus ces dernières. En effet, les multiples guerres contre la France, entre 1707 et 1837, c'est-à-dire contre un ennemi commun, constituent un ciment identitaire pour les Écossais, les Gallois et les Anglais, qui vont ainsi se définir comme protestants se battant contre la première puissance catholique : la France. Comme les Espagnols pour les Catalans, les Français servent de repoussoir identitaire ; ils sont dépeints par les nouveaux Britanniques comme étant superstitieux, militaristes, décadents et non libres (Colley, 1992, p. 5).

L'acte d'Union de 1707 marque la fin d'un Parlement proprement écossais (et anglais en théorie), même si ce dernier n'a jamais été aboli officiellement. Il ne faut pas accorder trop d'importance à ce Parlement unique, car, à l'époque, les législatures sont prédémocratiques et jouent un rôle de second plan. Les débats sur le sens à donner à cette Union sont nombreux, mais un aspect doit retenir notre attention : la société civile écossaise demeure intacte. Les spécialistes de la question écossaise mettent l'accent sur trois institutions « nationales », la « sainte trinité », afin de démontrer l'existence d'une autonomie écossaise : l'Église protestante presbytérienne, le système juridique et le système d'éducation, qui diffèrent de ceux de l'Angleterre (Brown, McCrone et Paterson, 1996).

Le localisme restera très présent en Écosse. Cet état de fait explique pourquoi les Écossais se satisfont alors de leur statut en Grande-Bretagne. Les responsabilités de l'État britannique se limitent aux questions de défense, aux politiques internationales et au maintien d'une monnaie stable. L'Écosse s'autogouverne, sans cependant avoir de législature propre. C'est le Parlement britannique qui vote les législations pour l'Écosse, au besoin, sans trop se préoccuper de la politique écossaise. Contrairement à ce qui se passe dans la France jacobine, les pratiques d'assimilation systématiques par l'uniformisation culturelle ne sont pas la norme. L'État britannique, très peu interventionniste, se concentre sur la gestion des territoires de l'Empire et sur les questions de défense, laissant un espace de liberté important à la société civile. Il intervient seulement lorsque la paix sociale ou l'ordre politique sont menacés. L'État britannique est un État minimal avec une petite bureaucratie favorable au libre marché (Brown, McCrone et Paterson, 1996, p. 40). Il faut cependant nuancer les informations précédentes, car l'État britannique, avec la collaboration des Écossais, adoptera une attitude impérialiste envers les Gallois et les Irlandais. Cette attitude sera ensuite exportée dans les territoires d'outre-mer comme le Canada, l'Inde, l'Australie, etc.

Le nationalisme écossais n'est pas séparatiste au XIXe siècle, car aucune partie de la société écossaise ne se sent privée de droits par le système politique au point de désirer un changement de régime. Le nationalisme est culturel et ancré dans la société civile, mais il est également unioniste, car les Écossais sont fiers de leurs accomplissements et des avantages de l'Union de 1707 pour leur nation (Brown, McCrone et Paterson, 1996, p. 50). De plus, beaucoup d'Écossais croient à l'époque que seule une Écosse dans l'Union peut exercer une influence sur les affaires internationales de l'Empire ; que seule une Écosse dans l'Union peut avoir accès à un vaste marché. Puisque l'Écosse compte de nombreuses institutions, qu'elle jouit donc d'une autonomie partielle, les leaders nationalistes sont satisfaits et profitent de cette forme d'arrangement.

Au fur et à mesure que se développe l'État central à partir de la fin du XIXe siècle, les tensions entre le centre et la périphérie deviennent de plus en plus vives, faute d'un sentiment national fort. Pour réduire ces tensions avec le centre, on crée, en 1885, le Scottish Office en réponse aux pressions des nationalistes qui réclament que Westminster accorde plus d'attention aux problèmes écossais.

On peut dire que c'est l'ingérence grandissante du gouvernement installé à Londres dans les affaires sociales qui est à l'origine de la contestation nationaliste (Brown, McCrone et Paterson, 1996, p. 13). Le Scottish Office s'est considérablement développé depuis. Au cours de la période 1920-1940, il prendra la défense des intérêts de l'Écosse, tant sous les conservateurs que sous les libéraux : il fera pression, à partir de 1926, pour que Westminster augmente les dépenses sociales, qu'il adopte des lois spéciales pour l'Écosse et qu'il autorise cette dernière à instaurer un État providence indépendant de Londres (Brown, McCrone et Paterson, 1996, p. 13) ; il déterminera comment l'État central doit intervenir en Écosse. Cette institution, que certains qualifient de semi-État, se verra accorder une forme de contrôle sur les politiques sociales et publiques, sur les questions d'éducation et de droit. Elle est, encore aujourd'hui, sous la responsabilité du gouvernement de Westminster. Ce système assez original conçu pour gérer la société distincte écossaise sera efficace en raison de la complémentarité des formations politiques d'Écosse et du reste de la Grande-Bretagne.

Les nationalistes écossais militent également pour l'obtention d'un Parlement écossais. À partir du milieu du XIXe siècle, de nombreux intellectuels interviennent pour que l'Écosse acquière un peu d'autonomie. Au cours de la campagne qui mènera à la création du Scottish Office, cette option était dans l'air, mais elle était loin de faire l'unanimité. À la fin du XIXe siècle, le Parti libéral s'intéresse à l'idée, dans la foulée de la croisade du premier ministre Gladstone en faveur du *Home Rule* pour l'Irlande. Dans les milieux libéraux, l'idée circule que l'Écosse est plus radicale que l'Angleterre et que le conservatisme naturel des Anglais fait obstacle à la préférence des Écossais pour les législations sociales. Les libéraux croient que l'Écosse est plus socialiste et que, pour cette raison, elle doit avoir un statut comparable à celui des dominions britanniques comme le Canada ou l'Australie. On soutient également que le Parlement de Westminster est obstrué. En accordant un Parlement aux Écossais pour les questions intérieures, Londres, suppose-t-on, pourra enfin se concentrer sur l'Empire. Plusieurs projets de loi sont mis aux voix dans les années 1920 relativement au *Home Rule* écossais, mais aucun n'est adopté, bien qu'une majorité de ministres écossais y soient favorables (Brown, McCrone et Paterson, 1996, p. 17).

L'échec d'un de ces projets de loi est à l'origine de la création du National Party of Scotland (NPS) en 1928. Le NPS reste passablement vague quant au statut qu'il souhaite pour le Parlement écossais, c'est-à-dire un Parlement indépendant ou subordonné à Westminster. Il en vient cependant rapidement à opter pour l'indépendance de l'Écosse. En 1934, le NPS se dissout pour créer le Scottish National Party (SNP) en association avec le Scottish Party, un parti de droite qui favorise le *Home Rule* et non l'indépendance. Ces deux orientations se feront sentir au sein de ces partis jusqu'à nos jours (Lynch, 1996, p. 23).

Le SNP exercera une influence négligeable dans les années 1930. Les conservateurs écossais se servent néanmoins de la menace séparatiste pour obtenir plus d'autonomie pour l'Écosse. Le SNP remporte quelques victoires minimes durant la Seconde Guerre mondiale en profitant de la trêve entre les travaillistes, les unionistes et les libéraux. En fin de compte, le SNP n'aura que peu de portée jusque dans les années 1960 (Lynch, 1996, p. 25). Parallèlement, la constitution de l'État providence renforce l'homogénéité des différentes composantes de la Grande-Bretagne. Avec le système bipartite, qui oppose, d'un côté, les conservateurs et, de l'autre, les travaillistes, on assiste à une nationalisation des résultats électoraux qui sont similaires en Écosse et en Angleterre (McCrone, 2001).

À partir de 1950, des problèmes économiques structurels secouent le pays. La crédibilité économique du Royaume-Uni connaît un déclin rapide. La période d'expansion économique de l'après-guerre tire déjà à sa fin, ce qui a pour effet de rendre plus criants certains problèmes de l'économie du pays. L'économie écossaise, complètement à plat, s'est peu diversifiée depuis la seconde moitié du XIXe siècle. Le gouvernement travailliste tente, entre 1964 et 1970, de moderniser cet héritage, mais sans grand succès (Brown, McCrone et Paterson, 1996, p. 19). De retour au pouvoir en 1974, les travaillistes sont si occupés à gérer les multiples crises que, pendant les cinq années où ils gouvernent, ils sont incapables d'améliorer la situation. La social-démocratie britannique va ainsi précéder la tendance occidentale, c'est-à-dire une remise en question de l'État providence de la période d'après-guerre.

L'Écosse enregistre un taux de chômage qui est le double de celui de l'Angleterre et est aux prises avec le problème de la désertion de ses travailleurs. Ce changement structurel provoqué par la mondialisation est un point central de la thèse de cet essai. Avec les transformations de l'État providence britannique, les Écossais ont de moins en moins avantage, matériellement parlant, à faire partie de l'ensemble britannique. La remise en question des politiques sociales universelles provoque une atomisation de la société civile et une montée des mouvements autonomistes. Ceux-ci proposent, pour résoudre la crise de l'État-nation, soit un transfert massif des pouvoirs, soit un renforcement des pouvoirs du Scottish Office, en arguant que seuls les Écossais savent ce qui est bon pour les Écossais, soit carrément l'indépendance. Dans les années 1970, réagissant à la montée du nationalisme écossais et du SNP, le gouvernement travailliste confie au Scottish Secretary plus de responsabilités touchant le développement économique. Par la suite, les seuls aspects de la politique intérieure pour lesquels le Scottish Office n'a pas de rôle important à jouer sont les domaines qui ont peu d'importance pour l'autonomie nationale (Brown, McCrone et Paterson 1996, p. 55). Finalement, on comprend de plus en plus que l'Empire britannique appartient au passé et qu'il ne peut plus servir de levier aux Écossais pour intervenir de façon significative sur la scène internationale.

Les théories sociales-démocrates sont plus populaires en Écosse que dans le reste du royaume, ce qui concourt à diviser plus que jamais Édimbourg et Londres. Les premiers signes de tension deviennent manifestes vers la fin des années 1950, au moment où le Parti unioniste perd près de la moitié de ses votes aux élections générales de 1955, jusqu'à ne plus récolter que 24 % en 1987. Les raisons de cette dégringolade sont nombreuses. L'une d'entre elles est que les ouvriers protestants cessent lentement de voter sur des bases religieuses et rejoignent les rangs du Labour Party et, plus tard, du SNP. Une autre raison réside dans le fait que la classe moyenne écossaise a toujours gardé l'espoir de faire renaître les projets de l'État providence. Cet état de fait explique pourquoi les conservateurs, qui épouseront les idées néolibérales dans les années 1970, obtiennent de si piètres résultats électoraux en Écosse. Les partis politiques n'ont de succès en Écosse que s'ils se préoccupent de questions concernant l'Écosse (Brown, McCrone et Paterson, 1996).

Les divergences politiques entre l'Écosse et le sud deviennent de plus en plus évidentes avec la hausse de la popularité des conservateurs en Angleterre dans les années 1980. Le second signe de divergence consiste dans les succès électoraux du SNP dès la fin des années 1960. Même si la victoire des conservateurs à l'élection de 1970 est relative, leur retour au pouvoir favorisera la remontée du SNP. À la suite de la découverte d'importantes réserves de pétrole au large des côtes écossaises, qui, semble-t-il, assureraient la viabilité d'une Écosse indépendante, le SNP tiendra un discours de plus en plus indépendantiste (Brown, McCrone et Paterson, 1996, p. 20). On en veut aux Anglais de profiter des revenus du pétrole et de négliger de grands secteurs de l'économie de l'Écosse. David McCrone note à cet égard :

> L'Écosse n'était plus la prisonnière de la conjoncture économique en Grande-Bretagne. La découverte de ce pétrole transformera non seulement les bases économiques du pays, mais également la psychologie politique de la nation. La nature internationale de l'économie pétrolière, combinée à une économie manufacturière en mutation qui dépend davantage des capitaux et des marchés étrangers, implique que relâcher les liens avec l'État devient plus facile pour l'Écosse. (McCrone, 2001 ; traduction libre)

Les nationalistes vont jouer à fond la carte de l'anti-conservatisme. À la fermeture d'une usine de construction navale, en 1971, la réaction des Écossais est à la fois nationaliste et socialiste. L'imbrication des deux idéologies est alors très forte en Écosse. À l'élection de 1974, le SNP recueille près de 30 % des votes. La popularité croissante du mouvement indépendantiste ne s'explique pas uniquement par la montée de l'indépendantisme en Écosse. En effet, le SNP attire également les votes de protestation contre le Parlement britannique. L'idée de la création d'un Parlement écossais suscite un nouvel intérêt. Les conservateurs formulent une proposition de Sénat élu qui s'occuperait des affaires de l'Écosse à Westminster. Pour sa part, le gouvernement travailliste propose la mise sur pied d'une commission chargée d'étudier la question. Au terme de ses travaux, la commission recommande la constitution d'un Parlement écossais qui serait appelé à légiférer dans de nombreux domaines.

Le gouvernement travailliste presse Westminster d'établir un Parlement écossais. Les conservateurs, dirigés par Margaret Thatcher, sont farouchement opposés à la création d'une assemblée écossaise et critiquent avec fougue le projet. Afin de faire aboutir leur proposition de Parlement, les travaillistes doivent réduire substantiellement les pouvoirs de celui-ci et organiser un référendum sur le sujet en Écosse. Le résultat de la consultation, qui a lieu en 1979 est sans équivoque : seulement 33 % de la population approuve la proposition. Cet échec du SNP est, selon Alice Brown, David McCrone et Lindsay Paterson (1996, p. 21), attribuable à la remontée du Parti travailliste qui a renoué avec la social-démocratie très prisée par les Écossais. Selon ces auteurs, la raison qui explique le faible soutien à la création d'un Parlement est que les travaillistes avaient créé de nouvelles agences dans le cadre constitutionnel existant afin de préserver l'État providence. Une assemblée semblait superflue dans la structure constitutionnelle du moment, sans compter qu'elle risquait d'engendrer de nouveaux problèmes. Autrement dit, la préférence des Écossais pour un État providence fort et des agences spéciales pour l'Écosse serait la cause de la faiblesse électorale du SNP.

C'est Margaret Thatcher qui rend populaire le SNP dans les années 1980 (Lynch, 1996, p. 25). En remettant en question l'esprit de l'État providence, de la social-démocratie et de l'Union, elle favorise le retour du nationalisme en Écosse. Les premières politiques contribuent à dénouer les différents liens qui unissaient les diverses régions de Grande-Bretagne. À la suite de la vague de privatisations, ce n'est plus l'État britannique qui assume la responsabilité entre autres des industries du charbon, du fer, du gaz, des chemins de fer. Cela implique que le même système institutionnel ne couvre plus l'ensemble du royaume. Cela implique également, d'un point de vue symbolique, que la production de ces services ne sera plus désormais « britannique ». En Écosse, les assauts contre ces industries étatiques et contre les services publics sont perçus comme une attaque contre l'Écosse elle-même. En s'en prenant aux programmes sociaux, plus populaires en Écosse, les conservateurs font l'unanimité contre eux. Les politiques de dérégulation du gouvernement Thatcher se traduisent par une réduction importante des fonds publics engagés dans les industries traditionnelles écossaises. Celles-ci ne pourront plus bénéficier, dans le contexte des politiques néolibérales de Margaret Thatcher, de la protection de l'État, si bien que la plupart seront victimes de l'intensification de la compétition internationale (Holitscher et Suter, 1999, p. 282). Les industries lourdes, fortement concentrées en Écosse, subissent le contrecoup de la mondialisation, ce qui donne lieu à une hausse importante du chômage. De plus, le gouvernement conservateur, sous-représenté dans la députation écossaise, nomme des centralisateurs aux postes clés du gouvernement, un geste qui provoque des frustrations chez les Écossais. Le Scottish Office, qui était, avant l'arrivée de Margaret Thatcher, une institution défendant les intérêts des Écossais à Westminster, sera utilisé par les conservateurs comme un canal pour imposer les directives de Londres aux Écossais. Le Scottish Office, qui s'était développé en partie comme l'expression de réseaux complexes d'institutions sociales largement autonomes, devient l'instrument du gouvernement Thatcher.

Les travaillistes réussissent alors à convaincre les Écossais qu'un Parlement écossais les aurait protégés des abus des conservateurs. À la suite de la réélection des conservateurs en 1987, les travaillistes unissent leurs forces à celles du Parti libéral et d'autres groupes politiques afin de mettre sur papier une nouvelle proposition de *Home Rule*. L'idée d'un Parlement écossais autonome gagne des adhérents, d'autant plus que le phénomène du déficit démocratique des institutions politiques du Royaume-Uni soutient la montée des demandes autonomistes (Leydier, 1994).

Le revirement des Écossais, qui souhaitent désormais des changements constitutionnels, est bien compris par le Labour Party. Aux élections de 1997, ce parti fait campagne en Écosse (et au pays de Galles) en faveur de l'autonomie et de la création d'un Parlement qui détiendrait le pouvoir législatif dans de nombreux domaines importants pour les Écossais. Le Labour Party souscrit même à l'idée de donner au Parlement écossais une certaine marge de manœuvre en ce qui concerne le pouvoir de taxation. Au référendum tenu sur ces propositions, 74,3 % de la population approuve la création d'un Parlement écossais et 63,5 % se dit en faveur de pouvoirs de taxation pour ce Parlement. Ce Parlement sera créé en 1999. Les Écossais ont ainsi la possibilité de développer leurs institutions pour la première fois depuis 1707.

L'Écosse et l'intégration européenne

À ses débuts, l'intégration européenne n'a eu qu'une faible incidence sur le nationalisme écossais. La raison semble être que l'Empire britannique est alors suffisamment fort pour que l'on ne s'intéresse que peu aux affaires européennes (Lynch, 1996, p. 25). Les propositions constitutionnelles des nationalistes visaient à redéfinir le rôle de l'Écosse dans l'Empire britannique plutôt qu'en Europe. On souhaitait un statut semblable à celui du Canada ou de l'Australie dans l'Empire ou bien un statut d'autonomie à l'intérieur de la Grande-Bretagne.

Dans les années 1940, à la suite de l'élection de Douglas Young à la présidence du parti, le SNP se porte à la défense d'une proposition constitutionnelle qui veut faire de la Grande-Bretagne une fédération dans l'Europe à construire. Cette proposition se confirme à la fin de la Seconde Guerre mondiale. Le SNP adopte une position très ferme sur l'Europe communautaire à sa conférence annuelle de 1948, position largement semblable à celle qu'il adoptera en 1988 en faveur de l'« indépendance dans l'Europe ». Douglas Young se fera le plus grand promoteur de cette idée dans un pamphlet qui établit clairement le lien entre l'indépendance de l'Écosse et l'intégration européenne. Cependant, Douglas Young quitte bientôt le SNP, et c'est Robert McIntyre qui reprend le projet au SNP. Son influence sur le SNP sera considérable. En effet, il deviendra le premier député du SNP, mais pour une courte période en 1945. McIntyre, tout comme Young, établit un lien très positif entre autonomie et intégration européenne.

Cette volonté d'inclure une dimension européenne dans le projet se renforce avec la décision du SNP de s'engager dans les projets d'intégration européenne. Le SNP, représenté par Robert McIntyre, tente de participer à différents forums traitant d'intégration européenne, de décentralisation et des régions (Lynch, 1996, p. 28). Les années 1950, au cours desquelles le processus de construction européenne progresse rapidement, constituent une période creuse pour le SNP, tant sur le plan politique que sur le plan électoral. Alors que la création, en vertu du plan Schuman, de la Communauté européenne du charbon et de l'acier (CECA) donne une réalité institutionnelle à cette idée d'intégration européenne, le SNP demande à être représenté dans cette nouvelle institution. Il critique sévèrement la décision britannique de ne pas y adhérer. Le SNP profite de l'occasion pour décrire le gouvernement britannique comme isolationniste et se dépeindre comme étant plus internationaliste. Ce discours est repris lorsque la Communauté européenne de défense échoue, en 1954 (Lynch, 1996, p. 29).

Même si le SNP adopte, dans les années 1940, une position favorable à l'intégration européenne, l'idée aura néanmoins des opposants qui deviendront très influents dans les années 1960. Le changement d'attitude s'explique par le fait que, lorsque la Grande-Bretagne demande à intégrer la Communauté économique européenne (CEE), les leaders européens n'acceptent de négocier qu'avec les représentants du centre, marginalisant davantage les Écossais. C'est cette situation qui pousse le SNP à adopter une position hostile à l'Europe. En bref, pour le SNP, la CEE est centralisatrice et élitiste, elle se soucie peu de la démocratie et de la représentation des régions. Le SNP met dans le même panier l'État britannique et la CEE.

Cette position anti-européenne de la part du SNP est liée au fait que la CEE n'avait fait aucun effort pour favoriser la participation d'acteurs autres que les représentants des gouvernements souverains. C'est ce qui explique pourquoi le SNP demande la tenue d'un référendum sur l'entrée de la Grande-Bretagne dans la CEE. Mais les critiques du SNP ne s'arrêtent pas là. En effet, le parti perçoit le Marché commun comme un mécanisme qui aurait de graves répercussions sur l'économie écossaise. De plus, un statut d'autonomie pour l'Écosse lui semble plus urgent que son intégration dans la CEE, en raison des efforts des Britanniques. Cependant, il ne faudrait pas exagérer l'importance de la stratégie anti-Europe du SNP, car elle reste relativement marginale dans l'ensemble des débats du parti (Lynch, 1996, p. 31).

Dans les années 1970, avec la perspective de l'entrée de la Grande-Bretagne dans la CEE, la question reprend de l'importance. Le SNP prend rapidement position contre l'intégration de la Grande-Bretagne au Marché commun et opte plutôt pour une forme plus souple de libre-échange.

Bien que la Grande-Bretagne soit devenue membre de la CEE en 1973, le gouvernement travailliste organise un référendum sur la question en 1975, à la suite d'une promesse électorale de renégocier les conditions d'entrée dans l'accord. Cette décision du gouvernement sert bien les intérêts du SNP. Le parti avait en effet réclamé la tenue d'un tel référendum. De plus, la consultation a lieu juste après une brillante performance électorale de sa part. Le SNP pourra par ailleurs profiter de la division des conservateurs et des travaillistes tout en faisant de ce référendum un enjeu national plus vaste. Ainsi, le SNP réussit à faire croire que l'enjeu est l'indépendance de l'Écosse ou sa représentation au sein des instances européennes en tant que province britannique. En clair, le SNP se sert du projet européen pour promouvoir l'indépendance. Le SNP souhaite un NON convaincant de la part des Écossais et un OUI solide en Angleterre. Les travaillistes, qui ont prévu le coup, ne procéderont qu'à un décompte national, de sorte qu'aucun résultat ne soit connu sur une base régionale. Le SNP envisage d'abord de tenir un référendum séparé pour l'Écosse, mais abandonne rapidement l'idée.

À l'occasion de l'assemblée du parti, en 1975, le SNP vote à l'unanimité le projet de campagne en faveur du NON, malgré la présence dans la salle d'indépendantistes favorables à l'intégration européenne. Le SNP se montre cependant moins radical au cours de la campagne. Peu à peu, les Écossais, qui appuyaient le SNP, commencent à favoriser l'option du OUI. Leur attitude réconforte les membres du SNP, qui soutiennent le projet européen. En effet, 62 % des Écossais approuvent la proposition relative à une représentation de l'Écosse à la CEE. Le résultat du vote confirme l'avance des partisans du OUI. Aucune région d'Écosse ne semble avoir voté NON, malgré une différence de 10 % entre l'option du OUI en Écosse et en Angleterre.

La stratégie anti-européenne du SNP semble être un échec. À la suite du référendum, le SNP change de tactique et préconise la représentation de l'Écosse au sein des institutions européennes. Les résultats du référendum ont amené le parti à adopter une position plus pro-européenne.

Deux élus travaillistes d'origine écossaise, encouragés par la volonté populaire, fondent, pour leur part, le Parti travailliste écossais et proposent une mesure plus radicale de décentralisation que celle que le Parti travailliste met en avant. Graduellement, le Parti travailliste écossais en vient même à soutenir l'idée d'indépendance de l'Écosse en Europe. Ce parti ne connaîtra pas beaucoup de succès et ses membres iront rejoindre soit le Parti travailliste, soit le SNP.

La possibilité d'élire, au suffrage universel direct, des députés au Parlement européen est un des facteurs qui incitent le SNP à changer d'attitude face à l'intégration européenne. En effet, la perspective d'élections à l'échelle européenne élargit la tribune du parti et lui permet d'influencer plus directement le cours des choses. Les premières élections européennes, en juin 1979, suivent deux échecs électoraux pour le SNP : le référendum sur la proposition de dévolution formulée par les travaillistes et l'élection générale de mai 1979, où le SNP a perdu 9 de ses 11 sièges à Westminster. Les élections européennes, malgré les appréhensions, se révèlent positives pour le SNP. L'appui de l'électorat écossais est légèrement en hausse. De plus, l'élection de la députée Winnie Ewing au Parlement européen entraîne un changement d'attitude de la part du SNP, qui redevient certainement plus favorable à l'Europe. La présence de Mme Ewing sur la scène européenne permet au SNP de se familiariser avec les institutions de Strasbourg et de Bruxelles et de mieux comprendre les politiques de fonds régionaux. Il lui apparaît alors indéniable que faire partie de la Communauté européenne est profitable sur le plan économique, ce qui l'amène à relativiser les effets de la perte de souveraineté effective du pays.

À partir de 1983, le SNP recommence à lier la question de l'indépendance à l'intégration européenne. Ce retour aux sources se confirme en 1988, lorsque le SNP prend officiellement position et vante les mérites d'une Écosse indépendante dans le cadre de l'Europe. Plusieurs facteurs déterminent ce changement de stratégie de la part du SNP. Premièrement, la Communauté européenne, avec la création du marché unique, se consolide, ce qui rend le projet européen plus intéressant pour les indépendantistes, car les risques liés à l'indépendance s'en trouvent réduits. Deuxièmement, certains aspects négatifs de l'intégration européenne, comme l'attitude hautaine des eurocrates ou l'attitude despotique de Bruxelles, ont commencé à se résorber. Troisièmement, de nouvelles personnalités ont adhéré au SNP, comme Jim Sillars, fondateur du Parti travailliste écossais, qui croit désormais aux vertus d'une Écosse indépendante dans le cadre européen et qui aide à définir le nouveau nationalisme pro-Europe. Finalement, le SNP pouvait retirer de vrais bénéfices politiques à jouer la carte européenne sur la scène politique britannique. En effet, cette position pro-Europe tranche avec la position « eurosceptique » des conservateurs de Margaret Thatcher.

L'idée d'intégration européenne est soutenue par les partisans de la création d'un Parlement écossais et par les indépendantistes du SNP. Pour le SNP, l'Union européenne offre un nouveau cadre constitutionnel dans lequel l'indépendance de l'Écosse est possible. Elle fournit un cadre pour les questions de sécurité intérieure, en plus d'ouvrir de nouvelles perspectives d'échanges commerciaux. Ces nouvelles voies sont d'autant plus intéressantes que l'Empire britannique est mort et enterré, que la monarchie est dans son déclin et que l'économie britannique n'est plus ce qu'elle était à l'époque victorienne. Les accusations de séparatisme et de repli ethnique n'ont plus aucune pertinence dans le contexte d'une Écosse indépendante dans l'Union européenne. Les libéraux et les travaillistes y trouvent également leur compte, car en vertu du principe de subsidiarité, les acteurs subnationaux voient leur rôle valorisé. L'intégration européenne apporte de l'eau au moulin des partisans de la décentralisation. Ce changement d'attitude des Écossais est sans précédent depuis l'acte d'Union de 1707. Selon Alice Brown, David McCrone et Lindsay Paterson (1996, p. 23), l'Angleterre n'est plus perçue et admirée comme source d'idées progressistes, l'Europe a déclassé les Anglais dans ce domaine ; se dire « Européen » en Écosse aujourd'hui est une source de fierté et symbole de modernité, tout comme se dire « Britannique » il y a une centaine d'années.

Dans l'ensemble, les Écossais sont plus portés que leur voisin du sud à accepter l'Union européenne car cette dernière s'est montrée plus favorable au maintien de l'État providence que le gouvernement conservateur de Margaret Thatcher. Les nombreux conflits entre les conservateurs et l'Union européenne n'ont fait que renforcer cette perception. Tous les partis politiques, sauf les conservateurs, sont favorables à l'Europe. La certitude qu'à terme l'Europe jouera un rôle prépondérant dans les domaines politique et économique renforce l'idée d'un Parlement écossais. On mentionne souvent que l'Europe s'occupera de la monnaie, des politiques macro-économiques, des relations internationales et des politiques de défense, ce qui laissera aux Parlements les compétences en matière de politiques sociales et d'éducation, compétences que veulent récupérer les Écossais. Il ne faut cependant pas exagérer l'engouement écossais pour l'Europe. S'il est vrai qu'ils sont plus favorables au projet que ne le sont les Anglais, ils font tout de même preuve d'un certain scepticisme.

Les arguments invoqués à l'appui de l'Union de 1707 sont aujourd'hui repris pour l'Europe. En effet, si un grand marché facilite la croissance des affaires, alors l'Union européenne l'emporte. Si un petit pays est plus en sécurité culturellement dans un ensemble politique plus grand, là encore l'Union européenne gagne. En effet, celle-ci est tenue de respecter la diversité culturelle de ses membres, alors que la Grande-Bretagne est dominée par les Anglais réputés peu sympathiques aux revendications écossaises. De plus, les autonomistes écossais de toutes tendances croient que l'Union européenne présente des avantages économiques. Dans ces circonstances, ils sont inquiets des conséquences négatives des politiques anti-Europe des conservateurs, notamment sur le plan économique.

La position pro-Europe du SNP constitue un triomphe pour les nationalistes européens à l'intérieur du parti, car même les opposants au projet européen acceptent la nouvelle ligne du parti sans trop protester, bien que quelques fondamentalistes aient quitté le parti pour fonder le Scottish Sovereignty Movement, qui n'a pas connu de succès et qui a aujourd'hui disparu. Selon un sondage, 74 % des membres du SNP se disent en faveur de l'indépendance de l'Écosse dans l'Europe, alors que 16 % appuient l'idée d'indépendance en dehors de l'Europe (Lynch, 1996, p. 43).

Un des effets notables de la politique du SNP sur la politique écossaise est que les programmes des partis politiques qui s'activent en Écosse s'européanisent. En effet, les travaillistes, tout comme les conservateurs, ajoutent une dimension européenne à leur programme constitutionnel. Les travaillistes promettent que leur Parlement aura la responsabilité des affaires européennes et la possibilité de nommer des ministres au niveau européen. Les conservateurs, pour leur part, souhaitent élargir les compétences du Scottish Office pour qu'il puisse faire du lobbying à Bruxelles et représenter les intérêts de l'Écosse en Europe. Ils voient d'un bon œil l'établissement d'un bureau de représentation commerciale à Bruxelles.

En conclusion, rappelons que la mondialisation a engendré une grave crise de l'État providence en Grande-Bretagne. Afin de régler le problème, le gouvernement Thatcher a imposé des mesures néolibérales très musclées, qui ont été très mal reçues en Écosse. On percevait ces mesures contre l'État providence comme une attaque contre l'identité écossaise. La suppression des entreprises d'État à partir des années 1980 a contribué à la rupture entre l'Écosse et l'État britannique. Avec le déclin de l'État providence, les avantages liés à l'intégration dans l'ensemble britannique diminuent sensiblement pour les Écossais.

Rappelons également que la mondialisation rassure quant aux coûts de transition vers l'indépendance. Le

SNP exploite la filière européenne comme un mécanisme propre à lui permettre d'accroître le pouvoir de
séduction de son option indépendantiste. Les nationalistes écossais optent pour l'intégration européenne car,
en plus de sembler plus favorable aux nationalismes
minoritaires, elle diminue de manière importante les
risques associés à l'accession à l'indépendance de
l'Écosse (Lynch, 1996, p. 49-50). Cette stratégie du SNP
implique également que les nationalismes sont résolu-
ment modernes et tournés vers l'avenir car les leaders
du SNP ne cherchent plus à faire de l'Écosse un État-
nation classique comme au XIXᵉ siècle. L'idée est d'opter pour l'indépendance dans un monde de plus en plus
interdépendant. L'européanisation des objectifs du SNP
montre bien que celui-ci accepte les contraintes qu'impose la mondialisation aux États souverains.

L'économie écossaise est l'une des plus ouvertes du
monde. Même si le reste du Royaume-Uni demeure son
principal marché d'exportation, l'Écosse tend à s'inter-
nationaliser en ce qui concerne ses échanges commerciaux. L'économie écossaise était déjà internationalisée
au sein de l'Empire britannique. Réaliser l'indépendance
à cette époque impliquait cependant de se couper de
l'Empire et de ses lucratifs marchés. L'intégration dans
l'Europe politique assure à l'Écosse un grand marché
d'exportation. L'Union européenne rend par ailleurs
impossible l'application de politiques protectionnistes
de la part de l'État britannique contre une Écosse indépendante.

L'Écosse est aujourd'hui une société globale. Elle
peut être considérée comme telle, car, à l'intérieur de
l'ensemble britannique, elle possède une société civile
complète, distincte et dotée d'une culture politique spé-

cifique. L'Écosse est formée d'une société civile où le pluralisme associatif et la vie économique sont très importants. À la suite du référendum sur la dévolution, la vie civique s'inscrit de plus en plus dans le territoire écossais, ce qui favorise l'institutionnalisation d'un espace démocratique proprement écossais.

CHAPITRE VI

Le Québec :
un nationalisme libre-échangiste

Lorsqu'ils commencent à arriver en Amérique du
Nord, au XVIIᵉ siècle, les colons d'origine française doivent s'adapter au territoire, avec tout ce que cela suppose
de difficultés. Ils tissent des liens avec les Amérindiens,
auxquels ils feront beaucoup d'emprunts culturels. Ils mettent en place de nouvelles institutions, qui façonnent peu
à peu la culture des francophones d'Amérique du Nord.

La Conquête de 1759-1763 sonne le déclin de la
Nouvelle-France. La bourgeoisie canadienne est ruinée
ou est retournée en Europe. L'écart entre les francophones et les anglophones est étonnant : 95 % des francophones sont de pauvres agriculteurs catholiques, de plus
en plus nostalgiques d'un passé qu'ils idéalisent, alors que
les anglophones, qui ne représentent qu'une très petite
minorité de la population, sont généralement des commerçants à l'aise.

L'introduction du parlementarisme, en 1791, encourage l'apparition d'un nationalisme civique proprement
canadien (c'est-à-dire québécois). Plus tard, les privilèges

donnés aux marchands anglophones, le refus d'accorder le gouvernement responsable et la discrimination ethnique poussent vers les Rébellions. À la suite des conflits de 1837-1838, Londres décide d'en finir avec ces Canadiens qui luttent pour leur survie : l'Acte d'Union est adopté à Londres en 1840 et l'anglais est imposé comme seule langue officielle.

En créant le Canada-Uni, les autorités coloniales britanniques provoquent un changement dans la façon dont les Canadiens d'origine française se désignent en tant que collectivité nationale. Ils se nommeront les Canadiens français pour se distinguer des autres Canadiens, à l'accent britannique ceux-là. La nature du nationalisme des Canadiens français se transforme également, car, depuis l'écrasement des rebelles de 1837-1838, les forces sociales du Bas-Canada s'orientent vers le clergé et vers une nouvelle élite conservatrice qui font alliance. Les politiciens du Canada-Est deviennent peu à peu les intermédiaires entre les professionnels francophones, la bourgeoisie d'affaires d'origine britannique et le clergé catholique (Gougeon, 1993, p. 46). Du point de vue culturel, le nationalisme libéral et progressiste est remplacé par un nationalisme défensif et conservateur (Monière, 1977, p. 158). On parle du retour d'une idéologie de collaboration contraire au principe d'autodétermination. On troque le projet d'émancipation nationale contre une idéologie de conservation, de survivance (Rioux, 1987, p. 86).

Selon Fernand Dumont, la différence de rapport identitaire entre les Canadiens français et les Canadiens anglais marquera profondément les deux nationalismes. D'un côté, le discours que les anglophones tiennent sur les Canadiens français depuis la Conquête oscille entre le mépris bienveillant et l'injure. C'est qu'« en définissant les francophones, les anglophones se trouvent à se décrire eux-mêmes par inversion, à proclamer les valeurs dont ils se croient les porteurs » (Dumont, 1993, p. 126). Comme le note Dumont, les Canadiens français servaient de repoussoir identitaire aux anglophones. De l'autre côté, les Canadiens français ont accédé à la conscience de leur identité par l'intériorisation de la perception qu'ont d'eux les Canadiens anglais. En fin de compte, nous dit Dumont, « l'assimilation à laquelle on les voue, la *réserve* à laquelle on les confine finiront par inspirer leur propre discours » (Dumont, 1993, p. 133-134). Par la suite, le discours de survivance réapparaîtra constamment dans le discours politique. Ce « traumatisme originaire, ou position de repli, [ne cessera] de hanter la conscience historique des Canadiens » (Dumont, 1993, p. 133-134).

C'est dans le prolongement des événements de 1837-1838, au cours desquels l'Église est intervenue pour neutraliser les agitateurs, que le cléricalisme naît au Québec (Gougeon, 1993, p. 43). L'Église, qui a réussi à accroître son pouvoir sur les institutions sociales et scolaires destinées surtout aux classes laborieuses, en vient à jouer un rôle prépondérant dans la définition de l'identité des francophones, bientôt minoritaires numériquement. Les idées nationalistes du clergé visent à protéger un certain nombre de traits culturels dont la religion catholique, la langue et le Code civil français. Pour Denis Monière (1977), cette période amorce la stagnation de la société canadienne-française jusqu'aux années qui précèdent la Révolution tranquille.

De 1838 à 1841, c'est un conseil spécial, dirigé principalement par des administrateurs et des marchands anglais, qui gouverne la province. Ce conseil spécial ne tarde pas à reconnaître rapidement l'incroyable influence du clergé et lui accorde de nouveaux pouvoirs. Ces concessions se fondent sur l'idée que l'influence idéologique de l'Église devait être mise au service de l'État colonial (*Indirect rule*).

En 1840, suivant les recommandations de Lord Durham qui préconise l'assimilation de la « race » canadienne-française, Londres sanctionne l'Acte d'Union qui crée le Canada-Uni et qui entre en vigueur en 1841. Ce projet d'assimilation est inacceptable pour les Canadiens français. Selon Jacques-Yvan Morin et José Woehrling, le rapport Durham représente l'aboutissement de la politique constitutionnelle britannique depuis la Conquête. En substance, ce que Londres dit, c'est : « Nous vous laisserons votre religion et vos lois civiles, mais vous ne jouirez pleinement des principes constitutionnels britanniques que dans la mesure où vous deviendriez vous-mêmes anglais. » (Morin et Woehrling, 1994, p. 67) L'anglais devient la seule langue officielle du Canada-Uni, pour en finir avec le caractère national du Bas-Canada. À ce sujet, Durham écrit dans son rapport que le caractère national du Bas-Canada doit « être celui de l'Empire britannique, celui de la majorité de la population de l'Amérique britannique, celui de la race supérieure ».

Le système institutionnel instauré en 1840 se révèle particulièrement instable. Les gouvernements ont de la difficulté à se maintenir au pouvoir en l'absence d'une majorité parlementaire suffisante, laquelle est difficile à obtenir. Le système traverse des crises en juin et en septembre 1854, puis une en 1855, deux autres en 1857, encore deux en 1858, etc. En 1860, c'est l'impasse totale. Le dirigeant des Clear Grits et anticatholique notoire, George Brown, propose de modifier le système politique existant de façon à accorder la représentation proportionnelle aux habitants du Canada-Ouest qui forment désormais, comme l'a démontré le recensement de 1851, la majorité. Pour Brown, les Canadiens français profitent du système de représentation, qui accorde au Canada-Est et au Canada-Ouest un nombre égal de députés, pour obtenir des avantages indus. Les Grits contestent également l'influence de l'ultramontanisme sur les Canadiens français. En effet, l'alliance entre un groupe important de députés du Canada-Est avec une minorité de députés du Canada-Ouest a permis l'adoption de mesures favorisant les catholiques du Canada-Ouest (Meisel, Rocher et Silver, 1999, p. 57-58). Ces faits révoltent les Grits dont le slogan est : « *No French Domination* ».

Dans les débats politiques contemporains, plusieurs personnalités généralement bien avisées affirment avec conviction qu'il faut revenir à l'esprit de 1867. S'il s'agit de revenir aux intentions des Pères de la Confédération, ces personnalités pourraient être surprises. Reprenons la formule de Jean-Charles Bonenfant :

> La Confédération est née sous le signe de l'urgence, non pas pour réaliser un beau rêve unanime, mais pour sortir le mieux possible des difficultés immédiates. Elle a été engendrée par les magnats des chemins de fer et les banquiers de l'époque, grâce à la collaboration de Cartier aidé par le clergé catholique, le tout cuisiné par cet admirable opportuniste qu'était John A. Macdonald avec la bénédiction d'une Angleterre qui se désintéressait de ses colonies. (Bonenfant, 1963, p. 21)

Les Pères de la Confédération se sont efforcés d'établir le gouvernement le plus centralisé et le plus solide qui soit, de façon à empêcher toute province de défier l'autorité « paternelle » du nouveau pouvoir fédéral. Dans les faits, le nouveau régime est si puissant que son maître d'œuvre, John Alexander Macdonald, soutient qu'il possède « tous les avantages d'une union législative » (Cook, 1988, p. 93). De plus, comme le dualisme institutionnel était, croyait-on, largement responsable de l'échec du système instauré en 1840, on ne trouve « guère de traces du dualisme dans l'Acte de l'Amérique du Nord britannique. Certes, le français se voit accorder le même statut que l'anglais au Parlement fédéral et dans les tribunaux fédéraux, de même qu'à l'Assemblée législative du Québec et dans les tribunaux québécois. Mais aucune disposition ne prévoit le maintien des ministères doubles du Canada-Uni. L'Acte stipule en outre que le nombre de sièges détenus par le Québec à la Chambre des communes sera proportionnel à son poids démographique. Au Sénat, ce nombre a été fixé à un tiers des sièges. » (McRoberts, 1999, p. 31-32)

Selon Ramsay Cook, Macdonald espérait que ce type cru de domination du gouvernement fédéral amoindrirait le sentiment d'attachement des individus à leur province et mettrait fin aux luttes entre groupes et entre ethnies qui avaient paralysé le régime de 1840. À terme, on espérait même fonder une nouvelle nationalité. Le *Globe* de George Brown écrit, le 1er juillet 1867 : « À l'aube de ce réjouissant matin d'été, nous célébrons la naissance d'une nouvelle nationalité. » (Cook, 1988, p. 95)

Dans les premières années de la Confédération, le gouvernement central est fortement centralisateur. Il se sert de ses pouvoirs extraordinaires, de ses ressources

financières et politiques pour garder le pays sous son
emprise. Les hommes politiques provinciaux sont les vas-
saux du gouvernement central, notamment en raison du
double mandat. En effet, les députés fédéraux peuvent
siéger simultanément à la Chambre des communes et
dans une Assemblée législative provinciale. Cette par-
ticularité donne lieu à la domination des conservateurs
provinciaux par leur « grand frère » fédéral.

Rapidement, les libéraux contestent Macdonald et
le fondement de ses pouvoirs politiques. Ils s'empressent
d'élaborer une théorie du fédéralisme contraire aux principes centralisateurs que prône Macdonald. Les provinces sont pour les libéraux des entités « souveraines et
indépendantes » à l'intérieur de leurs champs de compétence et non de simples « conseils municipaux », comme
se plaît à le dire Macdonald. En Ontario, le premier
ministre Oliver Mowat (premier ministre de l'Ontario
de 1872 à 1896, puis ministre dans le cabinet libéral de
sir Wilfrid Laurier), un des Pères de la Confédération,
propose une vision du Canada qui s'oppose à la domination fédérale. Mowat veut que l'Ontario soit souverain
dans ses champs de compétence et cherche à limiter les
interventions du gouvernement fédéral dans les affaires
provinciales. Pour respecter le principe de l'autonomie
provinciale, Mowat estime qu'il faut modifier les prérogatives d'Ottawa. Mowat s'allie avec Honoré Mercier
qui a, lui aussi, un différend avec le fédéral.

À partir de 1884, la question de l'autonomie provinciale prend l'allure d'un conflit nationaliste au Québec. Le député nationaliste Georges Duhamel, auteur
d'une résolution demandant au gouvernement fédéral
de respecter le principe de l'autonomie provinciale,
déclare : « L'autonomie de la Province de Québec, c'est

l'existence nationale. » (Cook, 1969, p. 32) Avec l'arrivée d'Honoré Mercier au pouvoir, « l'autonomie provinciale devient l'expression politique du nationalisme » (Linteau, Durocher et Robert, 1989, p. 340). Ces politiciens tentent alors de convaincre la population que l'Acte de l'Amérique du Nord britannique (AANB) est une forme de contrat ou de pacte entre les provinces.

Vers la fin du XIXe siècle, de plus en plus d'intellectuels prennent acte de la résistance des Canadiens anglais face au projet d'édification d'un pays bilingue. Les anglophones considèrent que les francophones sont un obstacle à l'unité du pays. Les nationalistes canadiens-anglais désirent une nation canadienne qui soit « avant tout britannique, unilingue, anglaise, protestante et uniculturelle » (Gougeon, 1993, p. 70). Les francophones se replient alors sur le Québec, le seul territoire au Canada où ils se sentent à l'aise. Les Canadiens français se méfient des mesures s'adressant à la minorité du Québec, de peur de mettre le Québec en danger. La pendaison de Louis Riel, les querelles concernant les écoles françaises hors Québec, l'intervention du Canada dans la guerre des Boers et l'adoption du Règlement 17, qui limite les droits des francophones en Ontario, viennent confirmer les appréhensions des francophones. C'est dans ce contexte qu'Henri Bourassa bâtit sa théorie du pacte entre deux peuples fondateurs (Paquin, 1999b).

À la fin de la Première Guerre mondiale, le gouvernement fédéral est fortement centralisé et de nombreux francophones prennent position pour l'autonomie provinciale, le plus connu d'entre eux étant, sans contredit, l'abbé Lionel Groulx. Ce dernier œuvre pour que le nationalisme québécois se centre davantage sur le Québec.

Les politiques fédérales qui visent à faire du gouvernement central le gouvernement national de tous les Canadiens amènent le gouvernement du Québec à jouer le rôle de défenseur de la minorité francophone (Paquin, 1999b, p. 111). Maurice Duplessis, premier ministre du Québec de 1936 à 1939, puis de 1944 à 1959, est en bonne position pour contester l'« impérialisme » d'Ottawa. C'est dans ce contexte que le gouvernement québécois met sur pied, en 1953, la Commission royale d'enquête sur les problèmes constitutionnels, dite Commission Tremblay. La création de cette commission d'enquête est une réaction directe aux initiatives fédérales. Le rapport, qui soutient l'idée de pacte entre deux peuples fondateurs, conteste ouvertement le désir d'Ottawa de devenir le seul gouvernement national. En ce sens, depuis la publication du rapport Tremblay, l'affrontement entre anglophones et francophones prendra de plus en plus l'allure d'un conflit entre Québec et Ottawa. Duplessis a su répandre l'idée que les efforts du gouvernement fédéral en vue d'établir des programmes nationaux diminuaient le caractère « national » du gouvernement du Québec. Le gouvernement provincial refusera de participer, dans les années 1950, à des programmes fédéraux, parce qu'ils affaiblissent l'autorité du gouvernement du Québec (par exemple, les subventions aux universités).

Avec la mort de Duplessis, en 1959, et l'arrivée au pouvoir des libéraux de Jean Lesage, en 1960, le Québec change profondément. La représentation de la nation se transforme également. Le concept de Canadien français, défini selon une perspective ethnique, vivant au Canada, est remplacé par la nouvelle désignation nationale de Québécois vivant seulement au Québec. Les intellectuels de l'époque entendent moderniser la société québécoise et, pour ce faire, quoi de plus simple que d'investir un gouvernement majoritairement francophone : le gouvernement du Québec. D'essentiellement défensif, le nationalisme québécois devient plus agressif et revendicateur. Le nouveau nationalisme est territorial et centré exclusivement sur le gouvernement du Québec. Le but des nationalistes est de mettre en branle un processus de construction de la nation, qui permettra au Québec de prospérer (Jenson, 1995a, p. 106). Les libéraux de Jean Lesage veulent un changement de statut au Canada. Ils procèdent rapidement à diverses réformes, par exemple dans le domaine de l'éducation, mais manifestent aussi une tendance nationaliste. Ils nationaliseront l'électricité pour des motifs d'ordre économique, mais également pour permettre la libération économique du Québec (c'est-à-dire favoriser l'accession de francophones aux postes de décision économique). Une fois cette nouvelle attitude devenue dominante au sein de la société québécoise, son élite militera pour une révision en profondeur du fédéralisme. Le Québec maintenant moderne ne recherche rien de moins que l'égalité réelle avec le reste du Canada.

Le néonationalisme québécois donne naissance à des demandes pour que soit changé l'ordre politique canadien. On veut transformer le fédéralisme pour qu'il devienne plus conforme à la dualité canadienne et au rôle national du gouvernement du Québec. C'est la reconnaissance officielle du Québec comme société distincte que l'on cherche à obtenir, de même que plusieurs changements structurels visant à accroître la capacité d'action du gouvernement du Québec.

Dans les années 1960, les libéraux fédéraux et leur chef Lester B. Pearson, qui forment alors l'opposition à la

Chambre des communes, cherchent une solution pour régler le problème québécois. Avec l'aide de francophones du Québec comme Maurice Lamontagne et Jean-Luc Pépin, Pearson élabore un programme pour répondre favorablement aux demandes du Québec. Ce programme est mis en œuvre après sa victoire, en 1963. Selon Réjean Pelletier, c'est sous le gouvernement Pearson que le Québec fera le plus de gains. Claude Morin fait cependant remarquer que ces gains découlent moins d'une révision constitutionnelle que du fait que le gouvernement du Québec est enfin parvenu à occuper les champs qui lui appartiennent depuis 1867. Pearson voulait renforcer les mesures dualistes au sein des institutions fédérales. Le point central de son programme reposait sur la création d'une Commission royale d'enquête sur le bilinguisme et le biculturalisme. Celle-ci est effectivement créée en 1963.

C'est le rédacteur en chef du journal *Le Devoir*, André Laurendeau, qui, dans un éditorial de janvier 1962, avait exprimé le souhait de voir naître une telle commission. Pearson le nommera coprésident, avec Davidson Dunton, le président de l'Université Carleton. Le mandat de la commission est de « faire enquête et rapport sur l'état présent du bilinguisme et du biculturalisme au Canada et recommander les mesures à prendre pour que la Confédération canadienne se développe d'après le principe de l'égalité entre les deux peuples qui l'ont fondée, compte tenu de l'apport des autres groupes ethniques à l'enrichissement culturel du Canada, ainsi que les mesures à prendre pour sauvegarder cet apport... » (Laforest, 1992, p. 95-96). Ottawa accrédite ainsi la thèse des deux peuples fondateurs.

Pierre Elliott Trudeau, devenu chef du Parti libéral du Canada, est élu premier ministre en 1968. Il s'oppose

sans tarder aux propositions de Pearson sur le biculturalisme et sur la reconnaissance d'un statut particulier pour
le Québec. À ses yeux, elles ne sont que le fruit de ten-
tations nationalistes néfastes. Pour Trudeau, « toute reconnaissance formelle des revendications des nationalistes
québécois constituerait une erreur fatale » (McRoberts,
1995, p. 114). Cette reconnaissance serait fatale, car,
loin de favoriser l'unité nationale, elle renforcerait la
légitimité des demandes des nationalistes. Trudeau juge
qu'il ne faut pas tabler sur les différences ; il faut plutôt
faire en sorte d'incorporer le Québec dans le Canada. Il
cherche à construire la nation canadienne contre la
nation québécoise. Il expose clairement sa stratégie pour
y arriver :

> [...] employer un temps, une énergie et des sommes énor-
> mes au service du nationalisme fédéral [...], affecter une
> part des ressources à des choses comme le drapeau natio-
> nal, l'hymne national, l'éducation, les conseils des arts, les
> sociétés de diffusion radiophoniques et de télévision, les
> offices du film [...], lier le territoire par un réseau de che-
> mins de fer, de routes, de lignes aériennes, protéger la cul-
> ture et l'économie nationales par des taxes et des tarifs
> douaniers... (Trudeau, 1968, p. 204)

La stratégie de Trudeau consiste à rejeter les recommandations de la Commission royale d'enquête sur le
bilinguisme et le biculturalisme mise sur pied par son
prédécesseur. Selon Kenneth McRoberts, cette stratégie est une erreur qui explique la crise que connaît aujourd'hui la fédération canadienne. Lester B. Pearson
avait, pour sa part, conçu une stratégie d'unité nationale qui tenait compte du nationalisme québécois plutôt que de tenter de le faire disparaître. La stratégie de

Pearson était plus susceptible de réussir, car elle prenait en considération la tradition historique du pays. De plus, les deux autres partis fédéraux et plusieurs intellectuels canadiens anglophones soutenaient cette approche.

Trudeau arrive sur la scène fédérale avec une vision contraire aux aspirations traditionnelles des Québécois. C'est en partie pour cette raison que les ténors québécois du Parti libéral vont hésiter à appuyer sa candidature à la direction du parti. Afin de s'assurer l'appui des Canadiens anglophones, Trudeau soutient que sa vision du Canada correspond aux revendications du Québec. Ce « mensonge » est à l'origine du plus grand malentendu de l'histoire canadienne. Les Québécois y sont pour beaucoup, car, en réélisant systématiquement Trudeau, ils laisseront supposer qu'ils appuient ses politiques. Quoi qu'il en soit, une fois élu, Trudeau s'empresse de mettre en œuvre sa stratégie d'unité nationale.

Le bilinguisme officiel est le noyau de la stratégie de Trudeau. La Loi sur les langues officielles, sanctionnée en 1969, est modelée sur l'individualisme et la conception de l'unité nationale de Trudeau. Dans la pratique, cela signifie que Trudeau fait pression pour que « sa » loi soit appliquée de la même façon partout sans qu'il soit tenu compte des différences régionales. L'orientation de Trudeau heurte de front les efforts du gouvernement québécois pour favoriser l'essor de la langue française. Puisque, pour Trudeau, seul le bilinguisme est acceptable, il s'opposera à la loi 22, votée en 1974, qui proclame le français langue officielle du Québec, puis à la Charte de la langue française (loi 101), adoptée en 1977, qui affirme encore plus fortement la primauté du français. Il soutiendra même la minorité anglophone, financièrement et moralement, pour qu'elle prenne des mesures contre les lois linguistiques du gouvernement du Québec.

Le défaut de la stratégie de Trudeau est, selon Kenneth McRoberts (1999, p. 156), qu'elle tient « pour acquis que le mécontentement à l'égard du statut du français au Québec peut être atténué par la réalisation de progrès ailleurs ». Il faut dire que la loi dictait à certaines provinces des mesures favorisant le français sans rapport avec la réalité quotidienne. Ainsi, dans une enquête menée en 1985, seulement 14 % des anglophones habitant à l'extérieur du Québec déclarent entendre régulièrement parler en français et « la plupart d'entre eux affirment n'en avoir jamais entendu » (McRoberts, 1999, p. 156). Dans l'ensemble, la Loi sur les langues officielles qui institue le bilinguisme divise les Canadiens et les Québécois plutôt que de les unir.

Le multiculturalisme est l'autre aspect essentiel de la vision trudeauiste de l'unité nationale. En 1971, la Loi sur le muticulturalisme est adoptée. L'objectif en est très clair : en finir avec le dualisme. Le Canada est formé non pas de deux peuples fondateurs, mais bien d'individus qui parlent soit français, soit anglais, ou parfois les deux. La vision du Canada comme pays multiculturel va recueillir l'adhésion de nombreux Canadiens hors Québec tout en étant dénoncée au Québec. En effet, « bon nombre de francophones québécois perçurent le multiculturalisme comme l'expression d'un refus pur et simple de leur propre conception du Canada et ils le rejetèrent énergiquement » (McRoberts, 1999, p. 165). Les politiques concernant le multiculturalisme sont populaires parmi les minorités. Il n'est donc pas étonnant que les leaders d'organisations multiculturelles se retrouvent sur la ligne de front avec ceux qui s'opposent à la reconnaissance de la différence québécoise. « À cet égard, dit McRoberts (1999, p. 188), le multiculturalisme a en effet été nuisible à l'unité nationale. »

Finalement, Trudeau tente de modifier les institutions canadiennes afin de les rendre plus conformes à sa conception du pays. Dans la pratique, cela signifie augmenter la visibilité du gouvernement fédéral comme gouvernement « national ». Trudeau essaie également d'anéantir toute forme d'asymétrie dont profite le gouvernement du Québec. C'est seulement après la victoire du (Parti Québécois), en 1976, qu'il devra faire des compromis : il accepte l'entente Cullen-Couture sur l'immigration et met sur pied en 1977 la Commission de l'unité canadienne (Commission Pépin-Robarts). Après le référendum de 1980 sur la souveraineté du Québec, Trudeau revient à la charge. Pour finaliser sa stratégie, il veut « rapatrier » la Constitution et y insérer une Charte des droits et libertés. Pour s'assurer le soutien des habitants de l'Ouest, Trudeau souscrit au principe de l'égalité des provinces.

Cette dernière stratégie échoue elle aussi : le nationalisme québécois est toujours vivant. Sur le fond comme sur la forme, Trudeau humilie les Québécois. Sur le fond, sa conception du Canada qui se cristallise dans la Charte canadienne des droits et libertés nie les fondements historiques de la société québécoise et réduit considérablement les pouvoirs du gouvernement du Québec sur des sujets sensibles, telle la langue d'enseignement. Sur la forme, en concluant une entente la nuit avec les premiers ministres des provinces anglophones, à l'insu et au mépris du gouvernement québécois, les politiciens fédéraux commettent un geste immoral qui offense et choque les Québécois de toutes les tendances.

La réponse que donne le gouvernement Trudeau aux demandes du Québec vise à susciter un changement dans la nature du nationalisme québécois. Sa politique en matière de bilinguisme a pour objet de créer chez les Québécois une nouvelle identité individualiste et canadienne. Or, les mesures que prend Trudeau ne parviennent pas à rassurer les Québécois. Le tollé qui s'élève au Canada anglophone contre ces mesures a pour effet de raffermir les Québécois dans leur attitude offensive : ils réclament plus de pouvoirs, un statut particulier et le droit de protéger leur langue au Québec. La loi 22 du Parti libéral du Québec dirigé par Robert Bourassa et, ultérieurement, la loi 101 du Parti Québécois mené par René Lévesque durciront les positions du Canada anglophone vis-à-vis du Québec. En effet, à la dualité linguistique canadienne proposée par Trudeau s'oppose la volonté d'une majorité de Québécois pour que soit imposé l'unilinguisme français au Québec. Désormais, tout accommodement semble impossible. Les Québécois portent au pouvoir le Parti Québécois en 1976 et en 1981.

Finalement, la stratégie de Trudeau, dirigée principalement contre le Québec, « échoua lamentablement » selon les mots de Kenneth McRoberts. En effet, les Québécois ne percevront pas différemment leur statut au sein du Canada et ils s'identifieront plus fortement que jamais au Québec. L'ironie de cette histoire est que la stratégie de Trudeau a transformé radicalement la manière dont les Canadiens anglophones perçoivent leur pays. Certains éléments de la stratégie de Trudeau sont devenus la base du nationalisme des Canadiens anglophones. Ainsi, les Canadiens définissent majoritairement le Canada comme une société multiculturelle où la Charte des droits et libertés et le principe de l'égalité des provinces constituent le fondement de l'identité des Canadiens. Tout cela a rendu impossible la reconnaissance de la différence culturelle québécoise, et c'est exactement ce que Trudeau voulait faire. Comme le dit Kenneth McRoberts : « Une stratégie qui avait été conçue initialement pour engendrer l'unité a semé la division, et sur une vaste échelle. » (McRoberts, 1999, p. 10)

La victoire des conservateurs en 1984 est souvent présentée comme un rejet des années Trudeau. La volonté politique qu'ils expriment, durant la campagne électorale, de ramener le Québec dans la Confédération « dans l'honneur et l'enthousiasme » se traduira par la rédaction d'ententes de principe : l'Accord du lac Meech et l'Accord de Charlottetown. Depuis la fin de l'ère Trudeau, on tente de réparer les pots cassés. L'Accord du lac Meech, en 1987, tout comme celui de Charlottetown, en 1992, vise à réintégrer le Québec dans la « grande famille canadienne ». Or, la vision trudeauiste étant très populaire dans le *Rest of Canada* (ROC), les demandes du Québec se heurtent à un refus. En effet, toute reconnaissance, même symbolique, de l'identité des Québécois viendrait remettre en question la nouvelle définition du pays des Canadiens anglophones fondée sur la Charte des droits, sur le principe d'égalité des provinces et, dans une moindre mesure, sur le multiculturalisme.

L'opposition à l'Accord du lac Meech dans le Canada anglophone se cristallise autour du concept de société distincte. Même si les conditions que pose le Québec se situent en deçà des revendications traditionnelles depuis 1960, elles sont incompatibles avec le nouveau nationalisme canadien. C'est la clause relative à la reconnaissance du Québec en tant que société distincte qui déplaît le plus aux Canadiens : « Il n'y a guère de doute, le rejet de l'Accord du lac Meech correspondait au sentiment majoritaire de l'opinion au Canada anglais. La mobilisation de l'opposition à l'Accord s'explique essentiellement par la réaction à la clause de la société distincte. » (André Blais et Jean Crête, cités dans McRoberts, 1995, p. 114) Selon McRoberts, cette clause « suscitait une vision du Québec et du Canada qui entrait en contradiction directe avec celle que plusieurs Canadiens anglais s'étaient donnée pendant les années 1970, et qui avait été enchâssée [dans la Constitution] au moment de la réforme constitutionnelle de 1982 » (McRoberts, 1995, p. 114).

Même si différentes options constitutionnelles s'affrontent au Québec, les néonationalistes s'entendent sur un certain nombre de points : les Québécois forment une nation et le Québec est leur territoire. Pour ces néonationalistes, un État du Québec fort est une nécessité. Durant les années 1980, quand déferle la vague néolibérale, les libéraux, tout comme les péquistes, seront en faveur d'un rôle actif, et même d'un rôle de meneur, de l'État québécois dans l'économie. Les néonationalistes sont bien conscients des effets de la mondialisation. Ils voient le libre-échange comme une force positive propre à favoriser le développement économique du Québec. L'État québécois applique une politique industrielle qui vise à restructurer ses entreprises pour qu'elles puissent faire face au libre-échange et à l'intégration économique. Pour tous les partis politiques québécois, une décentralisation des pouvoirs donnerait au Québec les moyens d'affronter la compétition internationale. De plus, décentraliser les pouvoirs économiques permettrait de les soustraire à l'emprise des politiques économiques du gouvernement du Canada, qui ne correspondent pas aux priorités québécoises. Les néonationalistes s'opposeront vigoureusement, en 1991-1992, au désir du gouvernement fédéral de revaloriser ses institutions économiques (Jenson, 1995a, p. 107).

Les nationalistes canadiens anglophones vont commencer, à partir de 1960, à s'inquiéter beaucoup de l'intégration régionale, si bien que de nombreux Canadiens anglophones voient d'un mauvais œil toute tentative de rapprochement avec les États-Unis. Que les Québécois soient si ouvertement favorables au libre-échange va considérablement détériorer les relations entre le Québec et le ROC. Certains intellectuels, comme Philip Resnick, reprocheront aux Québécois leur appui au libre-échange. Sur le ton de la blague, Daniel Latouche va quant à lui reprocher au libre-échange de l'avoir obligé à voter pour les conservateurs (Resnick et Latouche, 1990) !

Il est vrai que les Canadiens anglophones et le géant américain ont une langue et une histoire communes. Selon Steven Pearlstein, correspondant du *Washington Post* au Canada, plus de 80 % des Canadiens lisent les mêmes livres que les Américains, regardent les mêmes émissions de télévision et les mêmes films, écoutent la même musique, suivent les mêmes événements sportifs. Ils ont des habitudes alimentaires et vestimentaires semblables, car ils fréquentent les mêmes chaînes de restaurants et de magasins. Ils voyagent fréquemment aux États-Unis et ont souvent un membre de la famille qui s'y est établi. La collaboration est déjà étroite entre l'armée canadienne et l'armée américaine. Toujours selon Steven Pearlstein, une grande partie des Canadiens s'attendent à ce que soit abandonnée la monnaie canadienne au profit du dollar américain. Sur le plan économique, les exportations aux États-Unis dépassent les échanges entre les provinces canadiennes. Les entreprises élaborent des stratégies continentales de développement économique, ce qui renforce encore davantage l'intégration des deux pays. La fuite des cerveaux est en constante progression, une situation qui pousse les autorités canadiennes à adopter des mesures néolibérales afin de diminuer la charge fiscale que fait peser l'État providence sur les contribuables canadiens. Les nationalistes canadiens craignent de devenir américains insidieusement. Cela n'est pas pour arranger les relations entre Québec et Ottawa.

Le référendum de 1995 mettra en évidence le fossé qui sépare les Canadiens anglophones et les Québécois. Les premiers se montrent hostiles à toute mesure qui porterait atteinte à l'héritage politique de Pierre Elliott Trudeau. Pour leur part, les Québécois se mobilisent contre cet héritage. Mais il y a plus. Le clivage entre les souverainistes et les fédéralistes tient également à l'existence de projets de société divergents. Les fédéralistes donnent leur appui à un programme néolibéral, alors que les souverainistes défendent un projet social-démocrate. Le camp du OUI s'attire la sympathie de larges segments de la population et le soutien de nombreuses organisations de la société civile en posant la souveraineté comme « un rempart contre ce vent de droite qui vient de l'Ouest ». Les Québécois sont amenés à croire qu'un Québec indépendant serait plus enclin à préserver le système de protection sociale que le gouvernement fédéral. L'enjeu est tel que près de 94 % des électeurs inscrits vont voter. Le OUI récoltera 49,4 % des voix. Le NON, avec 50,58 % des votes l'emporte par

54 288 voix seulement. Comparativement à celui du référendum de 1980, ce résultat marque une hausse de près de 9 % pour le OUI, et ce, en réponse à une question plus précise sur la souveraineté, avec proposition de partenariat, à la différence de la question de 1980 qui portait simplement sur un mandat de négociation. Même si la fracture linguistique peut expliquer en partie ce dernier résultat (60 % des francophones ont voté OUI, alors que 95 % des non-francophones ont voté NON), il semble que le facteur déterminant ait été l'avenir de l'État providence. L'analyse du politologue Édouard Cloutier, de l'Université de Montréal, le confirme :

> Tant le Parti québécois et le Bloc ont fait porter la campagne référendaire sur la nécessité de maintenir au Québec un éventail de programmes sociaux significativement supérieurs à ceux annoncés par le gouvernement canadien via la réforme Axworthy ou à ceux nouvellement comprimés par les gouvernements provinciaux de l'Alberta et de l'Ontario. Par ailleurs, en contraste absolu avec 1980, tout ce que le Québec compte de progressiste, à savoir les syndicats, les mouvements de défense des démunis de toutes sortes, le mouvement des femmes, les divers regroupements religieux préoccupés par le sort des laissés-pour-compte, tout ce monde s'est mobilisé en faveur du oui. C'est essentiellement parce que le oui a revêtu une connotation sociale populaire très importante que le oui a réussi à convaincre de voter des gens qui ne participent habituellement pas aux scrutins, assurant de la sorte une forte progression de son option. [...] En définitive, la souveraineté a vu croître ses appuis en bonne partie parce que les gens les plus mal pris dans la société étaient plus susceptibles de leur être favorables que la réorganisation à la canadienne des programmes sociaux. (Cloutier, cité dans Lisée, 2000, p. 261)

Si l'analyse de Cloutier est juste, on doit alors tirer une conclusion évidente : le recul actuel de l'appui à l'option souverainiste depuis le référendum est fortement lié à la lutte presque obsessive du gouvernement du Parti Québécois pour le déficit zéro. La population a l'impression, vraisemblablement fondée, que les souverainistes, Lucien Bouchard le premier, ne croient plus en leurs promesses faites au cours de la campagne référendaire. On constate également que, les avantages de l'intégration au Canada s'amenuisant, les Québécois se sont tournés lors du référendum vers le gouvernement du Québec pour prendre la relève d'un État canadien en cure d'amaigrissement.

Aujourd'hui, dans le prolongement du référendum de 1995, la stratégie fédérale est double. Dans un premier mouvement, les ténors fédéraux cherchent à rendre le Canada plus attrayant : c'est ce qui est communément appelé le plan A. C'est dans cet esprit que le gouvernement fédéral lancera une vaste offensive populaire de distribution de drapeaux du Canada. Cette initiative sera effectivement très populaire... auprès des Canadiens anglophones. En effet, « en date du mois d'août 1996, 8,3 % seulement des demandes provenaient du Québec », alors que cette mesure visait principalement le Québec (McRoberts, 1999, p. 315).

L'autre volet de la stratégie d'Ottawa et du Canada anglophone vise à museler le Québec : c'est le plan B. Cela signifie encourager les partitionnistes, clarifier les règles relatives à la sécession, entre autres choses en demandant à la Cour suprême de se prononcer, et si possible en établir de nouvelles. Selon un sondage réalisé en 1996, près de 63 % des Canadiens hors Québec approuvaient la position qui veut que le fédéral « devrait mettre l'accent sur les dures conditions auxquelles le Québec devrait faire face s'il choisissait de quitter le Canada » (McRoberts, 1999, p. 237). Cette dimension de la stratégie fédérale a pris le dessus sur le plan A. Une autre stratégie du gouvernement du Canada consiste dans l'étranglement budgétaire des provinces. Le gouvernement du Canada a des revenus nettement supérieurs à ceux des provinces et jongle aujourd'hui avec de nombreux surplus. Il se sert de ces surplus pour imposer des normes nationales aux provinces qui ont désespérément besoin d'argent. Cet argument peut cependant se retourner contre lui. En effet, des militants péquistes avancent que, si le Québec avait été indépendant en 1999, il aurait réalisé un surplus de 41 milliards !

Le nationalisme québécois actuel brise le lien entre protectionnisme et autarcie pour devenir libre-échangiste, inclusif et de projection. Actuellement, le Québec est la 15e puissance mondiale et il se classe parmi les 10 premières en ingénierie, en technologie de l'information, en multimédia, en biotechnologie et en hydroélectricité (Lisée, 2000, p. 21). Le Québec est la 6e puissance en ce qui concerne l'aéronautique. De plus, selon la revue américaine *Wired*, Montréal est du nombre des grandes villes high-tech du monde. Avec l'apparition de la Cité du multimédia et du commerce électronique, la situation peut s'améliorer. Québec inc. devient Québec.com.

Depuis 1988, les exportations du Québec à destination des États-Unis ont fait un bond de 163 %, ce qui rend l'économie québécoise beaucoup moins intégrée dans l'économie canadienne. Les États-Unis, première puissance mondiale, sont le principal partenaire commercial du Québec (Lisée, 2000, p. 22). En 1996, le

PNB du Québec était supérieur à celui du Danemark et de la Norvège et équivalait à celui de la Finlande et de la Nouvelle-Zélande réunies (Bariteau, 1998, p. 50). Selon Jean-François Lisée, ancien conseiller de l'ex-premier ministre Lucien Bouchard et de Jacques Parizeau, le « grand bond des exportations fait en sorte que le Québec livre aujourd'hui hors de ses frontières près de 60 % de ce qu'il produit, ce qui le place parmi les cinq économies industrielles les plus "mondialisées" qui soient » (Lisée, 2000, p. 23).

En ce qui concerne l'identité, pour les jeunes qui vivent au Québec, se dire Québécois n'est plus un geste de protestation politique comme c'était le cas pour leurs parents dans les années 1960. En effet, en 1960, se dire Québécois signifiait être favorable à l'idée d'indépendance du Québec ; plus encore, se dire Québécois exprimait le reniement de son ancienne identité de Canadien français. Aujourd'hui, les jeunes Québécois cultivent un nationalisme inclusif, car ils ont compris que l'immigration est appelée à jouer un rôle de plus en plus important dans le Québec du troisième millénaire. Ils ont compris que les enfants de ces « ethnies » qui intriguaient leurs parents sont des condisciples sur les bancs d'école et surtout des amis. De nombreux jeunes ont trouvé ignoble la déclaration de l'ex-premier ministre du Québec, Jacques Parizeau, qui, le soir du référendum de 1995, a attribué la défaite des « francophones du Québec » au vote « ethnique ». Plus récemment, une déclaration analogue d'Yves Michaud a aussi provoqué l'indignation.

Le nationalisme des jeunes Québécois est un nationalisme de projection. En effet, la reconquête économique du Québec par les francophones semble préoccuper bien moins les jeunes que la projection des Québécois sur la scène internationale. Les Québécois s'intéressent aux succès des corporations transnationales québécoises comme Bombardier et Quebecor ou aux succès de Céline Dion et du Cirque du Soleil dans le monde. Ils se soucient de la perception que les autres ont d'eux. Ils exigent donc de leur gouvernement qu'il agisse non seulement pour faciliter le développement d'entreprises québécoises à l'étranger, mais aussi pour mettre en valeur et faire connaître la culture et la nouvelle diversité québécoises.

L'État canadien s'est vu forcé par la mondialisation à une restructuration qui s'est traduite par le transfert aux provinces d'une partie de la charge fiscale, mais il cherche toujours à imposer des normes nationales. Cette situation provoque la colère et l'indignation des politiciens provinciaux. Les services importants, notamment dans les secteurs de la santé et de l'éducation, sont de la responsabilité des provinces, alors que les surplus se trouvent aujourd'hui dans les coffres du gouvernement central. Le gouvernement du Canada n'a pas cessé d'intervenir dans l'économie et de s'ingérer dans les affaires des provinces. Ce qui change, c'est la manière dont il intervient. Les impératifs d'austérité qui caractérisent la gestion de l'économie canadienne dans un environnement mondialisé poussent non pas au désengagement de l'État, mais à la valorisation de son rôle directif et coercitif. La question qui se pose est : est-ce que le gouvernement du Canada, qui joue un rôle de moins en moins important dans la vie des citoyens, peut conserver longtemps cette attitude sans provoquer une montée de la grogne des différents groupes de la société canadienne ou sans stimuler le mouvement souverainiste au Québec ?

Au Québec, tous les partis de la scène politique québécoise se sont montrés en faveur du libre-échange. Aux yeux du Parti Québécois, l'Accord de libre-échange et l'ALÉNA peuvent empêcher l'asphyxie économique si le Québec accédait à l'indépendance. Il lui est ainsi plus facile de convaincre la population québécoise du bien-fondé de son option. Pour le Parti libéral, le libre-échange diminue les possibilités d'ingérence du gouvernement canadien dans les politiques économiques du gouvernement du Québec. La mondialisation vient ainsi modifier la nature du nationalisme québécois. Le nationalisme tiers-mondiste, qui mettait l'accent sur la décolonisation du Québec, cède la place à un nationalisme libre-échangiste.

Depuis quelques années, l'économie québécoise est fortement internationalisée. Cette internationalisation fait en sorte que les coûts du passage à l'indépendance diminuent sensiblement.

L'ancien premier ministre du Québec, Jacques Parizeau, avait très bien compris cette réalité. Il existe, selon lui, un certain nombre de facteurs propres à faciliter la transition du Québec vers l'indépendance. Il y a, premièrement, l'Accord de libre-échange et l'ALÉNA. Étant donné, comme le signale Parizeau (1999), que « le commerce du Québec avec les États-Unis représente [en valeur] le commerce des États-Unis avec l'Argentine, le Brésil et le Chili réunis », il est peu probable qu'advenant une victoire du OUI au référendum sur la souveraineté les Américains agissent contre le Québec. En effet, l'intégration des économies fait en sorte que le coût d'une sanction se répercuterait dans toute la zone d'échange. Une action contre le Québec équivaudrait à une action contre le Canada et contre les États-Unis.

Cette logique vaut également pour le Canada. En effet, il est impossible pour le gouvernement du Canada d'imposer des sanctions économiques au gouvernement du Québec sans les imposer également à ses partenaires commerciaux, donc aux États-Unis. Il est plus que probable que le gouvernement américain, pour défendre ses intérêts économiques, indiquera la marche à suivre à Ottawa en cas de victoire du OUI lors d'un référendum sur l'indépendance.

Il y a aussi la protection de la devise. Les souverainistes québécois ont élaboré des stratégies à cet effet. Les Québécois proposent de garder la monnaie canadienne, mais ne se priveraient pas d'employer le dollar américain si les autorités canadiennes s'avisaient d'adopter une attitude hostile. Jacques Parizeau le faisait valoir : « Les marchés de capitaux à court terme représentent une telle masse d'argent que, dans un climat hostile par rapport à une nouvelle monnaie, on peut la flanquer par terre en 48 heures. » (Parizeau, 1999) Cela est vrai pour une hypothétique monnaie québécoise et pour un dollar canadien dans la turbulence. Le Sénat américain étudie la possibilité de faciliter l'extension du dollar américain à d'autres pays qui voudraient l'utiliser comme devise nationale.

Les analystes financiers semblent soutenir, du moins en partie, le nouveau discours des nationalistes québécois. Peter Plaut, de la firme Salomon Brother, a affirmé, dans un discours prononcé devant les membres du Conference Board of Canada, que son expérience économique lui permettait de croire qu'un Québec indépendant aurait peu de difficultés sur le marché des obligations, puisque son économie était diversifiée et compétitive. Il a également avancé que la réaction des marchés internationaux dépendait des détails de l'accession à la souveraineté, comme la préservation du dollar canadien, et du développement d'une zone de libre-échange (Balthazar et Hero, 1999, p. 285).

Finalement, le Québec est aujourd'hui l'État subnational le plus développé des États subnationaux des pays de l'OCDE. Stéphane Dion affirme même que le Canada est le pays le plus décentralisé au monde. Dans ce contexte, les coûts de la transition vers le statut de pays souverain sont de moins en moins élevés. Appartenir à un pays comme le Canada lorsqu'on est Québécois comporte de moins en moins d'avantages, d'autant plus que la question de la sécurité militaire est de moins moins importante et que les secteurs de la santé et de l'éducation, essentiels pour les citoyens, sont déjà en grande partie gérés par le gouvernement du Québec.

Conclusion

Le nationalisme est une idée-force qui n'est pas près de disparaître, que ce soit au Québec, en Écosse, en Catalogne ou ailleurs dans le monde. Tant que la politique sera organisée sur une base territoriale, les États domineront la scène politique, et les mouvements nationalistes subnationaux favoriseront pour eux-mêmes un État qu'ils contrôleront (Meadwell, 1999, p. 262). En Occident, on l'a vu, la mondialisation vient diminuer les avantages de l'intégration tout en levant les obstacles à l'indépendance. Ce phénomène, que l'on peut qualifier de « revanche des petites nations », implique que désormais les revendications de mouvements nationalistes subnationaux doivent être prises en considération.

Les leaders des pays multinationaux se trouvent donc face à un choix : soit ils optent pour l'accommodation, c'est-à-dire qu'ils repensent les relations politiques entre le centre et la périphérie de façon à respecter la diversité, ce qui implique de donner plus d'autonomie politique aux mouvements nationalistes subnationaux ; soit ils optent pour une attitude coercitive et se préparent à faire face à une radicalisation du nationalisme des leaders des mouvements nationalistes subnationaux. S'ils arrivent à mobiliser la population, ces derniers pourraient accéder à l'indépendance démocratiquement. Cette dernière tendance est historiquement sans précédent.

Devant leur impuissance nouvelle, les États centraux peuvent favoriser le recours à la coercition, c'est-à-dire la centralisation des pouvoirs et l'augmentation de mesures unilatérales. Cette attitude est particulièrement manifeste au Canada : l'union sociale, la Loi sur la « clarté » référendaire, le financement de la santé ou le programme des bourses du millénaire en sont des témoignages éloquents. Aujourd'hui, au Canada, les partis politiques évoluant sur la scène fédérale ont bien compris que, si l'on ne peut pas aller à l'encontre des revendications de la majorité nationaliste canadienne anglophone, on peut très bien en revanche ignorer les revendications provenant du Québec, voire agir contre elles. La centralisation des pouvoirs dans un régime fédéral est pourtant une atteinte à l'idéal démocratique des sociétés, à leur diversité et à l'innovation, sans parler du gaspillage des fonds publics. En effet, la centralisation entraîne des problèmes d'imputabilité, car, en confondant les responsabilités des gouvernements, les électeurs ne savent plus qui sanctionner quand ils vont voter. L'unification des politiques à l'échelle canadienne est un accroc à la liberté de choix et à la diversité, car l'établissement de priorités pancanadiennes enlève aux provinces une part de liberté dans les choix politiques qu'elles peuvent faire en fonction de leur situation propre. Il est normal que les priorités et le type de services soient différents d'une province à l'autre. Le centralisme va donc à l'encontre de la diversité et du principe du fédéralisme. Finalement, une politique centralisatrice freine l'innovation et crée une concurrence malsaine entre les gouvernements qui cherchent à démontrer qu'ils sont les plus efficaces. Cela peut entraîner un alourdissement de la bureaucratie, au sens péjoratif du terme, du gaspillage et des chevauchements de programmes. Ce genre de situation est l'une des causes des importants déficits publics hérités du passé.

Au Québec, la population ne réagit pas très vigoureusement contre l'attitude centralisatrice du gouvernement canadien, en partie à cause de l'incapacité des leaders nationalistes à la mobiliser, incapacité particulièrement visible aux dernières élections fédérales tenues à l'automne 2000. On constate ici les limites du mouvement souverainiste québécois. Contrairement à ce qu'a laissé entendre Bernard Landry, il ne suffit pas que les « vieux » meurent pour assurer la victoire des souverainistes au prochain référendum, il faut aussi mobiliser le reste de la population, dont les jeunes. Ces derniers, un peu plus idéalistes, ne trouvent pas matière à engagement lorsqu'il est question de la réduction du déficit, de l'incapacité chronique du Parti Québécois à financer correctement le système de santé, de compressions dans l'éducation et de fusions municipales. De plus, avec le vieillissement des députés du Parti Québécois, il risque d'y avoir bientôt un problème de relève. Les jeunes se sentent de plus en plus marginalisés au Québec.

L'autre attitude est l'accommodation. Cette attitude est celle que défendent le philosophe Charles Taylor et la plupart des leaders nationalistes subnationaux (Keating, 2001). D'après Taylor : « Toute nation qui se reconnaît comme telle, c'est-à-dire qui possède un sens poussé de son identité et qui désire diriger ses propres affaires, n'acceptera d'adhérer volontairement à un État multi-national qu'à condition d'être reconnue par cet État d'une manière non équivoque. » (Taylor, 1996) Selon cette perspective, il faut impérativement revoir l'historiographie de la nation majoritaire. Il est en effet fréquent de relever une histoire qui légitimise l'État central en le présentant comme la source du progrès social, de la démocratie et du libéralisme dans le pays. En revanche, les mouvements subnationaux sont dépeints comme un facteur négatif, voire comme des mouvements rétrogrades. Leur reconnaissance devient alors un rejet du progrès et des valeurs de la modernité. Les combattre est en contrepartie extrêmement populaire.

L'État central n'a pas le monopole des valeurs démocratiques et libérales. Penser autrement, c'est commettre une fraude intellectuelle, car, contrairement à ce que l'on entend trop souvent, les mouvements nationalistes, que ce soit au Québec, en Catalogne ou en Écosse, fondent leur désir d'autonomie ou d'indépendance sur des principes moraux et non pas sur des principes racistes. En effet, les nationalistes québécois justifient leur mouvement par la dénonciation de l'attitude de plus en plus autoritaire du gouvernement fédéral. En ce qui concerne l'Écosse, le Scottish National Party (SNP) soutient que si l'Écosse devient indépendante, elle pourra enfin devenir une vraie démocratie où les droits et libertés seront respectés et protégés. Les autonomistes catalans n'en pensent pas moins.

Dans un deuxième temps, il faut introduire des mesures asymétriques. Comme l'explique Michael Keating, « maintenant que beaucoup des fonctions traditionnelles de l'État – y compris le maintien des règles de concurrence et les droits fondamentaux de la personne – sont la responsabilité des régimes transnationaux, la nécessité de politiques uniformes à l'intérieur de l'État est moins évidente» (Keating, 2001). Le Royaume-Uni a créé des institutions décentralisées et asymétriques. Le gouvernement de Lionel Jospin, avec le «processus de Matignon», se propose de faire de même dans le cas corse. En Espagne, la Constitution reconnaît les «nationalités historiques» et l'asymétrie des pouvoirs. Au Canada, le gouvernement central se fait encore porteur d'une vision unitaire de l'État qui date d'une autre époque.

Il faut en outre, comme le dit Charles Taylor cité plus haut, une sincère reconnaissance de la différence sur le plan des symboles étatiques. L'Espagne et le Royaume-Uni ont reconnu la diversité de leur scène nationale. Au Canada, la chose semble aujourd'hui impossible, du moins tant que des politiciens comme Jean Chrétien et Stéphane Dion auront de l'influence sur la scène politique fédérale.

Pour que de telles propositions atteignent les objectifs visés, c'est-à-dire la réconciliation nationale, elles doivent se concrétiser dans un contexte favorable. Ce critère n'est cependant peut-être même pas suffisant en lui-même, car le projet du lac Meech est né dans un tel contexte et a lamentablement échoué.

Ceux qui se font les défenseurs de l'idée d'accommodation sous-estiment généralement l'importance du nationalisme. L'accommodation n'élimine pas le nationalisme et, tant que l'idée de nation existe, la politique de la différence est vulnérable aux mouvements d'humeur.

L'accommodation est fragile en raison de facteurs extérieurs à la lutte politique. En effet, comme la mondialisation diminue les avantages de l'intégration et qu'elle facilite l'accession à l'indépendance, cette option peut être mise de l'avant par les leaders nationalistes pour obtenir d'autres avantages pour leur nation. La faisabilité de l'indépendance peut rendre cette option plus populaire, ce qui peut compromettre l'accommodation. Les nationalistes préfèrent l'accommodation à l'autre possibilité, l'intégration complète. Cependant, lorsque l'indépendance devient une option viable et accessible, ils auront tendance à choisir celle-ci plutôt que l'accommodation. Autrement dit, l'accommodation, qui procède d'une négociation perpétuelle et qui est extrêmement vulnérable à la conjoncture politique, dépend, pour réussir, des acteurs nationalistes de tous les côtés et de facteurs extérieurs. Comme on peut prévoir que les acteurs nationalistes vont toujours préférer l'indépendance à l'accommodation, on peut être pessimiste sur les chances de succès d'une telle entreprise.

Quoi qu'il en soit, il faut se rappeler que l'idée de nation et le sentiment national ont survécu à plusieurs offensives historiques d'envergure, par exemple le « concert de l'Europe » qu'un de ses artisans, le prince Metternich, concevait comme un moyen d'éliminer le nationalisme antimonarchique et le républicanisme. Le nationalisme a survécu au système bismarckien de l'équilibre des puissances. Il a également survécu à des doctrines universalistes comme le communisme. Le projet d'une Europe communautaire, qui devait transcender toutes les identités dans un projet postnational, a plutôt fait revivre les passions nationalistes et a accéléré le désenclavement des États ainsi que la montée des mouvements nationalistes subnationaux. Bref, ce n'est pas demain qu'une identité supranationale remplacera l'idée de nation. Le XXIe siècle ne verra probablement pas disparaître le problème du pluralisme national, qui, au contraire, s'exacerbera. Puisque les coûts de « sortie » sont de moins en moins élevés et que les avantages de l'intégration diminuent, les différentes possibilités d'action des gouvernements centraux sont connues : reconnaissance effective de la diversité par l'accommodation, une situation qui est politiquement difficile et qui crée beaucoup d'incertitude politique ; ou coercition, ce qui risque d'engendrer une forte réaction nationaliste. Il fait donc peu de doute que de nouveaux pays naîtront au cours du XXIe siècle. Le Québec, l'Écosse et la Catalogne seront, peut-être, du nombre.

ANNEXE

1. Auto-identification des habitants de la Catalogne (1990-1995)

	Seulement Catalan	Plus Catalan qu'Espagnol	Les deux	Plus Espagnol que Catalan	Seulement Espagnol	NSP*
1990 (N = 557)	6 %	23 %	36 %	10 %	22 %	3 %
1991 (N = 2191)	15 %	21 %	37 %	7 %	18 %	2 %
1992 (N = 1684)	17 %	17 %	37 %	6 %	21 %	1 %
1993 (N = 1695)	12 %	18 %	42 %	9 %	19 %	1 %
1994 (N = 1704)	11 %	21 %	42 %	15 %	11 %	1 %
1995 (N = 1297)	10 %	17 %	44 %	16 %	12 %	1 %

* Ne sait pas.

Source : David McCrone, *Sociology of Nationalism*, Londres, Routledge, 1998, p. 139.

2. Auto-identification des habitants
de l'Écosse (1986-1997)

	Écossais pas Britannique	Plus Écossais que Britannique	Les deux	Plus Britannique qu'Écossais	Britannique pas Écossais	NSP*
1986 (N = 1021)	39 %	30 %	19 %	4 %	6 %	2 %
1991 (N =1042)	40 %	29 %	21 %	3 %	4 %	3 %
1992 (N = 1052)	32 %	29 %	29 %	3 %	6 %	1 %
1997 (N = 882)	23 %	38 %	27 %	4 %	4 %	4 %

* Ne sait pas.
Source: D'après David McCrone, *Sociology of Nationalism*, Londres, Routledge, 1998, p. 139.

3. Auto-identification des francophones
du Québec (1970-1990)

	Canadien français	Québécois	Canadien	Autre
1970	44 %	21 %	34 %	1 %
1977	51 %	31 %	18 %	*
1984	48 %	37 %	13 %	1 %
1988	39 %	49 %	11 %	1 %
1990	28 %	59 %	9 %	2 %

* Catégorie inexistante.
Source: Maurice Pinard, « The Dramatic Reemergence of Quebec Independence Movement », *Journal of International Affairs*, vol. 45, n° 2, hiver 1995, table 3.

BIBLIOGRAPHIE

ALESINA, Alberto et Enrico SPOLAORE (1997). « On the Number and Size of Nations », *The Quarterly Journal of Economics*, vol. 112, n° 4, p. 1027.

ANDERSON, Benedict (1996). *L'Imaginaire national. Réflexions sur l'origine et l'essor du nationalisme*, Paris, La Découverte.

BADIE, Bertrand (1986). *Les Deux États. Pouvoir et société en Occident et en terre d'Islam*, Paris, Fayard.

BADIE, Bertrand (1993). *Culture et politique*, Paris, Economica.

BADIE, Bertrand (1995). *La Fin des territoires*, Paris, Fayard.

BADIE, Bertrand (1996a). « Entre mondialisation et particularismes », *Sciences humaines*, n° 61, mai.

BADIE, Bertrand (1996b). « Le jeu triangulaire », dans Pierre BIRNBAUM (dir.), *Sociologie des nationalismes*, Paris, Presses universitaires de France.

BADIE, Bertrand (1999). *Un monde sans souveraineté. Les États entre ruse et responsabilité*, Paris, Fayard.

BADIE, Bertrand et Pierre BIRNBAUM (1979). *Sociologie de l'État*, Paris, Grasset.

BADIE, Bertrand et Pierre BIRNBAUM (1994). « Sociologie de l'État revisité », *Revue internationale de sciences sociales*, juin.

BADIE, Bertrand et Guy HERMET (1990). *Politique comparée*, Paris, Presses universitaires de France.

BADIE, Bertrand et Marie-Claude SMOUTS (1999). *Le Retournement du monde. Sociologie de la scène internationale*, 3ᵉ éd. remise à jour, Paris, PFNSP et Dalloz.

BALIBAR, Étienne (1990). « La forme nation : histoire et idéologie », dans Étienne BALIBAR et Immanuel WALLERSTEIN (dir.), *Race, nation, classe : les identités ambiguës*, Paris, La Découverte.

BALTHAZAR, Louis (1999). « The Quebec Experience : Success or Failure ? », *Regional and Federal Studies*, p. 153.

BALTHAZAR Louis et Alfred O. HERO (1999). *Le Québec dans l'espace américain*, Montréal, Québec Amérique.

BARITEAU, Claude (1998). *Québec, 18 septembre 2001*, Montréal, Québec Amérique.

BASSETS, Lluis (1998). « Politique internationale et action européenne de la Catalogne autonome », *Hérodote*, nº 91, 4ᵉ trimestre, p. 201-215.

BAYLIS, John et Steven SMITH (1997). *The Globalization of World Politics*, Oxford, Oxford University Press.

BIRNBAUM, Pierre (dir.) (1996). *Sociologie des nationalismes*, Paris, Presses universitaires de France.

BOISMENU, Gérard (1990). « L'État et la régulation du rapport salarial depuis 1945 », dans Gérard BOISMENU et Daniel DRACHE (dir.), *Politiques et régulation. Modèle de développement et trajectoire canadienne*, Montréal et Paris, Méridien et L'Harmattan.

BONENFANT, Jean-Charles (1963). « L'esprit de 1867 », *Revue d'histoire de l'Amérique française*, vol. 17, nº 1.

BRAUD, Philippe (1996). *Sociologie politique*, Paris, LGDJ.

BRETON, Gilles (1993). « Globalisation et science politique : la fin d'un imaginaire théorique ? », *Études internationales*, vol. 24, n° 3.

BREUILLY, John (1982). *Nationalism and the State*, Manchester, Manchester University Press.

BROWN, Alice, David MCCRONE et Lindsay PATERSON (1996). *Politics and Society in Scotland*, Londres, St. Martin's Press.

BROWN, David (1999). « Are There Good and Bad Nationalisms ? », *Nations and Nationalism*, vol. 5, n° 2.

BURTON, John W. (1972). *World Society*, Cambridge, Cambridge University Press.

CASTELLS, Manuel (1998). *La Société en réseaux. L'ère de l'information*, Paris, Fayard.

CHATTERJEE, Partha (1993). *The Nation and its Fragments : Colonial and Postcolonial Histories*, Princeton, Princeton University Press.

COLLEY, Linda (1992). *Britons : Forging the Nation, 1707-1837*, New Haven, Yale University Press.

COLLINS, Robert J. et Daniel SALÉE (1998). « Les politiques économiques », dans Manon TREMBLAY, *Les Politiques publiques canadiennes*, Québec, Presses de l'Université Laval.

CONNOR, Walker (1978). « A Nation is a Nation, is a State, is an Ethnic Group, is a… », *Ethnic and Racial Studies*, vol. 1, n° 4, p. 379-388.

CONNOR, Walker (1990). « When is a Nation ? », *Ethnic and Racial Studies*, vol. 13, n° 1.

COOK, Ramsay (1969). *L'Autonomie provinciale, le droit des minorités et la théorie du pacte, 1867-1921*, Étude n° 4 de la Commission royale d'enquête sur le bilinguisme et le biculturalisme, Ottawa, Imprimerie de la Reine.

COOK, Ramsay (1988). *Le Canada : étude moderne*, Montréal, Guérin éditeur.

Courrier international (1999). « La mondialisation profite aux petits », n° 439, 1ᵉʳ au 7 avril.

COX, Robert W. (1990). « Dialectique de l'économie-monde », *Études internationales*, vol. 21, n° 4.

CULLA I CLARÀ, Joan B. (1999). « La Catalogne : histoire, identité, contradiction », dans Béatrice GIBLIN (dir.), *Hérodote n° 95 : Les Nationalismes régionaux en Europe*, Paris, La Découverte.

D'ALLEMAGNE, André (1966). *Le Colonialisme au Québec*, Montréal, Éditions R.-B.

DAVID, Charles-Philippe (2000). *La Guerre et la paix. Approches contemporaines de la sécurité et de la stratégie*, Paris, Presses de Sciences Po.

DELANNOI, Gil (1999). *Sociologie de la nation. Fondements théoriques et expériences historiques*, Paris, Armand Colin.

DEUTSCH, Karl (1969). *Nationalism and Social Communication. An Inquiry Into the Fondation of Nationality*, Cambridge (Mass.), MIT Press.

DIECKHOFF, Alain (1997-1998). « Europe occidentale : l'effervescence nationalitaire », *Politique internationale*, Paris, n° 78, hiver.

DIECKHOFF, Alain (2000). *La Nation dans tous ses États. Les identités nationales en mouvements*, Paris, Flammarion.

DIECKHOFF, Alain (2001). « Le nationalisme dans un monde global », *Bulletin d'histoire politique*, juin.

DIECKHOFF, Alain et Christophe JAFFRELOT (1998). « De l'État-nation au post-nationalisme », dans Marie-Claude SMOUTS (dir.), *Les Nouvelles Relations internationales. Pratiques et théories*, Paris, Presses de Sciences Po.

DOYLE, M. (1983). « Kant, Liberal Legacies and Foreign Affairs, part I. », *Philosophy and Public Affairs*, vol. 12.

DUFOUR, Jean-François et Gérard DUFOUR (2000). *L'Espagne : un modèle pour l'Europe des régions ?*, Paris, Gallimard, coll. « Folio Actuel ».

DUMONT, Fernand (1993). *Genèse de la société québécoise*, Montréal, Boréal.

EISENSTADT, Shmuel Noah (1998). « Les trajectoires de l'État-nation », *Revue internationale de politique comparée*, vol. 5, n° 3.

ELAZAR, D. (1987). *Exploring Federalism*, Tuscaloosa, University of Alabama Press.

FINKIELKRAUT, Alain (1987). *La Défaite de la pensée*, Paris, Gallimard.

FONDS MONÉTAIRE INTERNATIONAL (1997). *Les Perspectives de l'économie mondiale*, Washington.

GAGNON, Alain-G. (1997). « Fédéralisme et identités nationales : le passage obligé de l'État-nation à l'État plurinational », dans Panayotis SOLDATOS et Jean-Claude MASCLET (dir.), *L'État-nation au tournant du siècle : les enseignements de l'expérience canadienne et européenne*, Montréal, Chaire Jean-Monnet de l'Université de Montréal.

GARCIA, Marie-Carmen (1998). *L'Identité catalane. Analyse du processus de production de l'identité nationale en Catalogne*, Paris, L'Harmattan.

GARCIA I SEGURA, Caterina (1995). *L'Activitat exterior de les regions : una dècada de projeccio exterior de Catalunya*, Barcelone, Fundacio Jaume Bofill.

GEERTZ, Clifford (1963). *The Interpretation of Cultures*, New York, Basic Books.

GELLNER, Ernest (1983). *Nations and Nationalism*, Oxford, Blackwell.

GÉNÉREUX, Jacques (1993). *Introduction à la politique économique*, Paris, Seuil.

GIBLIN, Béatrice (1999). « Les nationalismes régionaux en Europe », dans Béatrice GIBLIN (dir.), *Hérodote n° 95 : Les Nationalismes régionaux en Europe*, Paris, La Découverte.

GIDDENS, Anthony (1985). *The Nation State and Violence*, Cambridge, Polity Press.

GIDDENS, Anthony (1990). *The Consequences of Modernity*, Cambridge, Polity Press.

GILPIN, Robert (1981). *War and Change in International Politics*, Cambridge, Cornell University Press.

GIRARDET, Raoul (1986). *Mythes et mythologies politiques*, Paris, Seuil.

GOSSELIN, Guy et Gordon MACE (1996). « Souveraineté et mutations des territoires : le cas canadien », dans J.-P. AUGUSTIN (dir.), *L'Institutionnalisation du territoire au Canada*, Québec et Bordeaux, Presses de l'Université Laval et Presses universitaires de Bordeaux, p. 47-84.

GOUGEON, Gilles (1993). *Histoire du nationalisme québécois. Entrevues avec sept spécialistes*, Montréal, VLB éditeur, coll. « Études québécoises ».

GREENFELD, Liah (1992). *Nationalism. Five Roads to Modernity*, Cambridge, Harvard University Press.

GUIBERNAU, Montserrat (1997). « Images of Catalognia », *Nations and Nationalism*, vol. 3, n° 1, p. 89-111.

GUIBERNAU, Montserrat (1999). *Nations without States, Political Communities in a Global Age*, Cambridge, Polity Press.

HAAS, Ernat (1958). *The Uniting of Europe*, Stanford, Stanford University Press.

HALL, Peter A. (1993). « Policy Paradigms, Social Learning, and the State. The Case of Economic Policymaking in Britain », *Comparative Politics*, avril.

HARVEY, David (1989). *The Condition of Post-Modernity : An Enquiry into the Origins of Cultural Change*, Oxford, Blackwell Publishers.

HASSENTEUFEL, Patrick (1996). « Le *Welfare State* entre construction nationale et crispations nationalistes », dans Pierre BIRNBAUM (dir.), *Sociologie des nationalismes*, Paris, Presses universitaires de France.

HASSNER, Pierre (1998). « De la crise d'une discipline à la crise d'une époque », dans Marie-Claude SMOUTS (dir.), *Les Nouvelles Relations internationales. Pratiques et théories*, Paris, Presses de Sciences Po.

HECHTER, Michael (1975). *Internal Colonialism : The Celtic Fringe in British National Development, 1536-1966*, Londres, Routledge & Kegan Paul.

HECHTER, Michael et Margaret LEVI (1979). « The Comparative Analysis of Ethnoregional Movements », *Ethnic and Racial Studies*, vol. 2, n° 3.

HELD, David et coll. (1999). *Global Transformations, Politics, Economics and Culture*, Cambridge (R.-U.), Polity Press.

HERMET, Guy (1996a). *Histoire des nations et du nationalisme en Europe*, Paris, Seuil, coll. « Points histoire ».

HERMET, Guy (1996b). « Des États sans territoire ? Sécession ou réinvention territoriale en Europe de l'Ouest », dans Pierre BIRNBAUM (dir.), *Sociologie des nationalismes*, Paris, Presses universitaires de France.

HERMET, Guy et coll. (1996). *Dictionnaire de la science politique et des institutions politiques*, Paris, Armand Colin.

HOBSBAWM, Eric (1990). *Nations et nationalismes depuis 1780*, Paris, Gallimard.

HOBSBAWM, Eric (2000). *Les Enjeux du XXIe siècle : Entretien avec Antonio Polito*, Paris, Éditions Complexe.

HOBSBAWM, Eric et Terence RANGER (dir.) (1983). *The Invention of Tradition*, Cambridge, Cambridge University Press.

HOLITSCHER, Marc et Roy SUTER (1999). « The Paradox of Economic Globalization and Political Fragmentation : Secessionist Movements in Quebec and Scotland », *Global Society*, vol. 13, n° 3.

HOLSTI, Kalevi J. (1996). *The State, War, and the State of War*, Cambridge, Cambridge University Press.

HOOGHE, Liesbet (1993). *Foreing Relations and Federal States*, Londres, Leicester University Press.

JAFFRELOT, Christophe (1991). « Les modèles explicatifs de l'origine des nations et du nationalisme, revue critique », dans Gil DELANNOI et Paul-André TAGUIEFF (dir.), *Théories du nationalisme. Nation, nationalité, ethnicité*, Paris, Éditions Kimé.

JENSON, Jane (1995a). « Mapping, Naming and Remembering : Globalization at the End of the Twentieth Century », *Review of International Political Economy*, vol. 2, n° 1.

JENSON, Jane (1995b). « What's in a Name ? Nationalist Movements and Public Discourse », dans Hank JOHNSTON et Bert KLANDERMANS (dir.), *Social Movements and Culture*, Minneapolis, University of Minnesota Press, p. 107-108.

JENSON, Jane (1998). « Distinct Societies, Citizenship Regime and Partnership », dans Guy LAFOREST et Roger GIBBINS (dir.), *Sortir de l'impasse. Les voies de la réconciliation*, Montréal, Institut de recherches en politiques publiques.

JESSOP, Bob (1993). « Towards a Schumpeterian Workfare State ? Preliminary Remarks on Post-Fordist Political Economy », *Studies in Political Economy*, vol. 40, printemps.

KAPSTEIN, Ethan B. (1996). « Workers in the World Economy », *Foreign Affairs*, vol. 75.

KEATING, Michael (1997). *Les Défis du nationalisme moderne. Québec, Catalogne, Écosse*, Montréal et Bruxelles, Presses de l'Université de Montréal et Presses interuniversitaires européennes.

KEATING, Michael (1998). *The New Regionalism in Western Europe. Territorial Restructuring and Political Change*, Northampton, Edward Elgar.

KEATING, Michael (1999). « Les nationalités minoritaires d'Espagne face à l'Europe », *Études internationales*, vol. 30, n° 4.

KEATING, Michael (2001). « L'après-souveraineté. Les nations dans le nouvel ordre mondial », *Bulletin d'histoire politique*, numéro spécial sous la direction de Stéphane Paquin : *Les Nouvelles Relations internationales et le Québec en comparaison*, à paraître.

KEATING, Michael et Barry JONES (dir.) (1995). *The European Union and the Regions*, Oxford, Clarendon Press.

KÉBABDJIAN, Gérard (1999). *Les Théories de l'économie politique internationale*, Paris, Seuil.

KEOHANE, Robert O. (1984). *After Hegemony : Co-operation and Discord in the World of Political Economy*, Princetown, Princetown University Press.

KEOHANE, Robert O. (1999). « Organisations internationales : quels fondements théoriques ? », dans

Problèmes économiques, mondialisation et gouvernance mondiale, Paris, La documentation française, p. 36-40.

KEOHANE, Robert O. et Joseph S. NYE (1972). *Transnational Relations and World Politics*, Cambridge, Harvard University Press.

KEOHANE, Robert O. et Joseph S. NYE (2000). « Globalization : What's New ? What's Not ? (And So What ?) », *Foreign Policy*, printemps.

KLANDERMANS, Bert (1991). « New Social Movements and Resource Mobilisation : the European Approach and the American Approach Revisited », dans D. RUCHT (dir.), *Research on Social Movements*, Boulder (col.), Westview Press.

KOHN, Hans (1944). *The Idea of Nationalism. A Study in its Origins and Background*, New York, Macmillan.

KRANSER, S. (1983). *International Regime*, Ithaca, Cornell University Press.

KYMLICKA, Will (1995). « Misunderstanding Nationalism », *Dissent*, hiver.

KYMLICKA, Will (1998). « Le fédéralisme multinational au Canada : un partenariat à repenser », dans Guy LAFOREST et Roger GIBBINS (dir.), *Sortir de l'impasse. Les voies de la réconciliation*, Montréal, Institut de recherches en politiques publiques.

KYMLICKA, Will et Jean-Robert RAVIOT (1997). « Vie commune : aspects internationaux des fédéralismes », *Études internationales*, vol. 28, n° 4.

LACHAPELLE, Guy et Luc BERNIER (1998). « Le fédéralisme fiscal : le Canada peut-il devenir une démocratie d'accommodation ? », dans Manon TREMBLAY (dir.), *Les Politiques publiques canadiennes*, Sainte-Foy, Presses de l'Université Laval.

LAFOREST, Guy (1992). *Trudeau et la fin d'un rêve canadien*, Sillery, Septentrion.

LEYDIER, Gilles (1994). « Les années Thatcher en Écosse. L'Union remise en Question », *Revue française de science politique*, n° 6.

LIND, Michael (1994). « In Defense of Liberal Nationalism », *Foreign Affairs*, vol. 73, n° 3, p. 87.

LINTEAU, Paul-André, René DUROCHER, Jean-Claude ROBERT et François RICARD (1989). *Histoire du Québec contemporain. De la Confédération à la crise (1867-1929)*, Montréal, Boréal compact.

LIPSET, Seymour Martin (1985). « The Revolt Against Modernity », dans *Consensus and Conflict. Essays in Political Sociology*, New Brunswick, Transaction.

LISÉE, Jean-François (2000). *Sortie de secours*, Montréal, Boréal.

LOYER, Barbara et José Luis VILLANOVA (1999). « États et souveraineté en Europe : L'exemple catalan », dans Béatrice GIBLIN (dir.), *Hérodote n° 95 : Les Nationalismes régionaux en Europe*, Paris, La Découverte.

LYNCH, Peter (1996). *Minority Nationalism and European Integration*, Cardiff, University of Wales Press.

MALCOM, Noël (1995). « The Case Against "Europe" », *Foreign Affairs*, vol. 74, n° 2.

MARTIN, P. (1995). « When Nationalism Meets Continentalism : The Politics of Free Trade in Quebec », *Regional & Federal Studies*, vol. 5, n° 1.

MAYALL, James (1990). *Nationalism and the International Society*, Cambridge, Cambridge University Press.

McCRONE, David (1992). *Understanding Scotland : The Sociology of a Stateless Nation*, Londres, Routledge.

McCRONE, David (1998). *The Sociology of Nationalism*, Londres, Routledge.

McCRONE, David (2001). « L'Écosse et la mondialisation », *Bulletin d'histoire politique*, numéro spécial sous la direction de Stéphane PAQUIN : *Les Nouvelles Relations internationales et le Québec en comparaison*, à paraître.

MCLEAN, Iain (1996). *Concise Dictionary of Politics*, Oxford, Oxford University Press.

MCROBERTS, Kenneth (1995). « Les perceptions canadiennes-anglaises du Québec », dans Alain-G. GAGNON et Alain NOËL (dir.), *Québec : État et société*, Montréal, France-Amérique.

MCROBERTS, Kenneth (1997). *Misconceiving Canada : The Struggle for National Unity*, Oxford, Oxford University Press.

MCROBERTS, Kenneth (1999). *Un pays à refaire. L'échec des politiques constitutionnelles canadiennes*, Montréal, Boréal.

MEADWELL, Hudson (1999). « Stateless Nations and the Emerging International Order », dans T. V. PAUL et John A. HALL (dir.), *International Order and the Future of World Politics*, Cambridge, Cambridge University Press.

MEISEL, John, Guy ROCHER et Arthur SILVER (dir.) (1999). *Si je me souviens bien/As I Recall. Regards sur l'histoire*, Montréal, Institut de recherches en politiques publiques.

MELUCCI, Alberto (1988). « Getting Involved : Identity and Mobilization in Social Movements », dans B. KLANDERMAN et coll., *From Structure to Action : Comparing Social Movement Research Across Cultures*, Greenwich, JAI.

MELUCCI, Alberto (1989). *Nomads of the Present. Social Movements and Individual Needs in Contemporary Society*, Londres, Hutchison Radius.

MONIÈRE, Denis (1977). *Le Développement des idéologies au Québec. Des origines à nos jours*, Montréal, Québec Amérique.

MOREAU DEFARGES, Philippe (1996). *Les Organisations internationales contemporaines*, Paris, Seuil.

MORIN, Jacques-Yvan et José WOEHRLING (1994). *Les Constitutions du Canada et du Québec : du Régime français à nos jours*, Québec, Septentrion.

MUELLER, John (1995). « Le concept de puissance et la politique internationale depuis l'après-guerre froide », *Études internationales*, vol. 26, n° 4.

NEWHOUSE, John (1996). « Europe's Rising Regionalism », *Foreign Affairs*, vol. 76, n° 1.

NGUYEN, Éric (1998). *Les Nationalismes en Europe. Quête d'identité ou tentation de repli ?*, Paris, Le Monde.

NOËL, Alain (1996). « Quel avenir pour l'État-providence », *Politique et société*, vol. 15, n° 29.

OHMAE, Kenichi (1985). *La Triade. Émergence d'une stratégie mondiale de l'entreprise*, Paris, Flammarion.

OHMAE, Kenichi (1996). *De l'État-nation aux états-régions*, Paris, Dunod.

OLSON, Mancur (1978). *La Logique de l'action collective*, Paris, Presses universitaires de France.

PALARD, Jacques (1999). « Les régions européennes sur la scène internationale : conditions d'accès et systèmes d'échanges », *Études internationales*, vol. 30, n° 4.

PAQUIN, Stéphane (1999a). « Les théories explicatives de l'apparition des nations et du nationalisme », *Bulletin d'histoire politique*, automne, p. 102-117.

PAQUIN, Stéphane (1999b). *L'Invention d'un mythe : le pacte entre deux peuples fondateurs*, Montréal, VLB éditeur, coll. « Études québécoises ».

PARIZEAU, Jacques (1999). « Jacques Parizeau au *Devoir* : le Canada n'a pas le choix de négocier », *Le Devoir*, 17 décembre.

PATERSON, L. (1994). *The Autonomy of Modern Scotland*, Édimbourg, Edinburg University Press.

PEARLSTEIN, Steven (2000). « Bientôt l'absorption du Canada par les États-Unis », *Courrier international*, n° 516, 21 au 27 septembre, p. 29.

PELLETIER, Réjean (1997). « Les arrangements institutionnels d'un nouveau partenariat canadien », Département de science politique, Université Laval, Québec, document inédit.

PÉREZ, Joseph (1998). « L'État et la nation en Espagne », *Hérodote*, n° 91, 4e trimestre.

REICH, Robert (1993). *L'Économie mondialisée*, Paris, Dunod.

RENAN, Ernest (1992). *Qu'est-ce qu'une nation ?*, Paris, Agora (1re éd. en 1882).

RESNICK, Philip et Daniel LATOUCHE (1990). *Réponse à un ami canadien*, précédé de *Lettres à un ami québécois*, Montréal, Boréal.

RIOUX, Christian (1999). « Bouchard reçu en chef d'État. Pour le président catalan, le nationalisme québécois est facteur de progrès », *Le Devoir*, 15 mars.

RIOUX, Marcel (1987). *La Question du Québec*, Montréal, Typo essai.

RODRIK, Dani (1998). « Le débat sur la mondialisation : leçons du passé », *Politique étrangère*, n° 3.

ROKKAN, Stein (1970). *Citizens, Elections, Parties*, New York, David McKay.

ROSENAU, James N. (1990). *Turbulence in World Politics. A Theory of Change and Continuity*, Princetown, Princetown University Press.

ROSENAU, James N. (1993). « Les processus de la mondialisation : retombées significatives, échanges impalpables et symboliques subtiles », *Études internationales*, vol. 24, n° 3.

ROSENAU, James N. et Ernst-Otto CZEMPIEL (1992). *Governance Without Government : Order and Change in World Politics*, Cambridge, Cambridge University Press.

RUPNICK, Jacques (1995). *Le Déchirement des nations*, Paris, Seuil.

SCHLESINGER, Philip (1998). « L'Écosse fait sa révolution tranquille. Quand le Royaume-Uni découvre la décentralisation », *Le Monde diplomatique*, avril.

SEILER, Daniel-Louis (1996). « Systèmes de partis et partis nationalistes », dans Pierre BIRNBAUM (dir.), *Sociologie des nationalismes*, Paris, Presses universitaires de France.

SENARCLENS, Pierre de (1998). *Mondialisation, souveraineté et théories des relations internationales*, Paris, Armand Colin.

SIROEN, Jean-Marc (1999). « Désintégration et intégration régionales », *Problèmes économiques*, n°s 2.611-2.612, 7-14 avril, p. 25-28.

SMITH, Anthony D. (1986). *The Ethnic Origin of Nations*, Oxford, Basic Blackwell.

SMITH, Anthony D. (1991). *National Identity*, Londres, Penguin.

SMOUTS, Marie-Claude (1997). « La région comme nouvelle communauté imaginaire », dans Patrick LE GALÈS et Christian LEQUESNE (dir.), *Les Paradoxes des régions en Europe*, Paris, La Découverte.

SMOUTS, Marie-Claude (1998). « La coopération internationale : de la coexistence à la gouvernance mondiale », dans Marie-Claude SMOUTS (dir.), *Les*

Nouvelles Relations internationales. Pratiques et théories, Paris, Presses de Sciences Po.

STRANGE, Susan (1983). « Cave ! Hic Dragones : A Critique of Regime Analysis », dans Stephen KRANSER (dir.), *International Regimes*, Ithaca, Cornell University Press, p. 337-354.

STRANGE, Susan (1988). « The Future of the American Empire », *Journal of International Affairs*, vol. 42, n° 1.

STRANGE, Susan (1994). *States and Markets. An Introduction to International Political Economy*, 2ᵉ éd., Londres, Pinter.

STRANGE, Susan (1995). « The Defective State », *Daedalus*, printemps.

STRANGE, Susan (1996). *The Retreat of the State : The Diffusion of Power in the World Economy*, Cambridge, Cambridge University Press.

TAYLOR, Charles (1994). *Le Multiculturalisme, différence et démocratie*, Paris, Flammarion, coll. « Champs ».

TAYLOR, Charles (1996). « Survie du Canada : la clé se retrouve dans sa diversité profonde », dans *Le Canada peut-il survivre ? et à quelles conditions ?*, Société royale du Canada, 6ᵉ série, vol. 7.

THIESSE, Anne-Marie (1999). « La lente invention des identités nationales », *Le Monde diplomatique*, juin.

TILLY, Charles (dir.) (1975). *The Formation of National States in Western Europe*, Princetown, Princetown University Press.

TILLY, Charles (1991). *Contrainte et capital dans la formation de l'Europe, 990-1990*, Paris, Aubier.

TOURAINE, Alain (1996). « Le nationalisme contre la nation », dans Pierre BIRNBAUM (dir.), *Sociologie des nationalismes*, Paris, Presses universitaires de France.

TRUDEAU, Pierre Elliott (1968). *Le Fédéralisme et la société canadienne-française*, Paris, Robert Laffont.

VENNE, Michel (1999a). « Le Québec devrait avoir un droit de parole », *Le Devoir*, 24-25 avril.

VENNE, Michel (1999b). « Stratégie fédérale pour contrer les souverainistes à l'étranger. Chrétien trouve normal d' "informer" les ambassadeurs », *Le Devoir*, 7 septembre.

TABLE

AUTRES TITRES PARUS
DANS CETTE COLLECTION

CET OUVRAGE
COMPOSÉ EN GOUDY 12 POINTS SUR 14
A ÉTÉ ACHEVÉ D'IMPRIMER
LE SIX SEPTEMBRE DEUX MILLE UN
SUR LES PRESSES DE TRANSCONTINENTAL
DIVISION IMPRIMERIE GAGNÉ
À LOUISEVILLE
POUR LE COMPTE DE
VLB ÉDITEUR.

IMPRIMÉ AU QUÉBEC (CANADA)